EL CEO DETRÁS DEL DR. SIMI

Víctor González Herrera

EL CEO DETRÁS DEL DR. SIMI

Una nueva manera de hacer negocios

Dr. Simi

Urano
Argentina – Chile – Colombia – España
Estados Unidos – México – Perú – Uruguay

1.ª edición: octubre 2024

Archivo fotográfico de Farmacias Similares
Copyright © 2024 *by* Víctor González Herrera
All Rights Reserved
© 2024 by Ediciones Urano México, S.A. de C.V.
Ciudad de México, 01030. México
www.edicionesuranomexico.com

ISBN: 978-607-5928-04-3
E-ISBN: 978-84-10365-73-5

Impreso por: Litográfica Ingramex, S.A. de C.V.
Centeno 162-1. Col. Granjas Esmeralda. CDMX, 09810

Impreso en México – *Printed in Mexico*

Índice

Índice

Dedicado a todas las personas que, día tras día, luchan
por hacer del mundo un lugar más bello y que,
con su incansable esfuerzo, me motivan a ser cada vez mejor

Prólogo

«Claridad en la misión de empresa y de vida, aunada a la congruencia entre lo que se siente y se hace» es lo primero que me viene a la mente cuando pienso en Víctor González Herrera. Como cabeza del negocio familiar, es un experimentado practicante de las claves del liderazgo corporativo moderno. Se ha ganado la autoridad y el respeto por lo que hace, por lo que —hasta ahora— ha logrado; por sus acciones y resultados, pero sobre todo, por tener una visión tan clara, enfocada, apasionada y arriesgada para cumplir con el reto. Es admirable cómo entiende, con absoluta claridad, que el propósito, que la misión, es superior y siempre más grande que uno mismo.

¿Su obsesión? El enorme potencial para crear un país mejor, reconociendo que para tomar acciones significativas, contundentes y de gran impacto hacia el bien social, ecológico y de gobierno corporativo se deben generar recursos y destinarlos de manera inteligente y responsable hacia proyectos sustentables desde la raíz.

Víctor combina juventud, energía de vida, disciplina, humildad, madurez profesional e inteligencia emocional para crear un poderoso motor que impacte millones de vidas, pues aquello que prioriza como salud integral lo contagia y es congruente a todos los niveles de proximidad, desde amigos y familiares hasta colegas, colaboradores, instituciones y población en general. Su motivación y su principal herramienta para lograrlo es el aprendizaje continuo de aquellos que saben más que él, de rodearse de gente talentosa, creativa y capaz, y del agradecimiento y reconocimiento por un buen resultado posible por el privilegio de trabajar con un equipo que mantiene y practica los mismos valores que él y el bien mayor.

Este texto es un testimonio autobiográfico de las grandes lecciones de vida que aporta la conciencia humana, así como una gran fuente de inspiración para los irremediables apasionados emprendedores y líderes del presente y futuro que se mantienen fieles a encontrar, practicar y mantener un propósito superior en todos los niveles de influencia y acción.

¡Disfruten las siguientes páginas, existe mucho por seguir aprendiendo!

Martha Debayle

Introducción

En octubre de 2022 llegué a la presidencia ejecutiva de Grupo Por Un País Mejor. A dos años de ese nombramiento, miro a mi alrededor y me parece maravilloso. Conocí esta oficina cuando era niño, pero en aquel entonces ni siquiera soñaba que algún día sería mi lugar de trabajo. Ahora, en cada entrevista que doy y en mis redes me presento como CEO de Farmacias Similares.

A veces me cuesta trabajo creer todo lo que hemos logrado en tan poco tiempo. Son historias paralelas, la mía y la de Farmacias Similares, aunque casi son una misma. De cierta manera, esta empresa es como una hermana más para mí. A ambos nos dio vida Víctor González Dr. Simi; ambos nos forjamos con los mismos principios y metas, y compartimos un idéntico propósito superior: elevar el bienestar de la gente. Aunque no fue fácil llegar aquí, se siente como si por fin estuviera en casa después de un largo viaje.

Farmacias Similares nació con el objetivo de llevar salud a bajo costo a quienes más la necesitaran. Este sueño se volvió realidad en 1997 y, desde entonces, no ha parado de crecer. Ahora, como su CEO, tengo la enorme responsabilidad de mantener viva esta realidad; de hacerla crecer todavía más, de llevarla a lugares más distantes y a más personas, y de no defraudar a todos aquellos que trabajan incansablemente para cumplir nuestras metas.

Hoy, en esta oficina, me siento afortunado por participar en una misión tan admirable y compartir lo aprendido en cada una de mis incursiones. Se gana más en la prueba y en el error que en no accionar.

Sí, hoy soy CEO de la empresa mexicana con más de 9 500 sucursales (que la gente reconoce y valora), pero no empecé aquí. Por fortuna, he tenido que equivocarme y aprender para dar estos pasos. Te invito a recorrer estas páginas para que con ellas reconozcas si tu proyecto necesita replantear áreas, explorar ideas o ir aún más lejos a fin de entender que el éxito no está peleado con el bienestar social y que donde gana uno, podemos ganar todos.

1
Principio del samurái

Un CEO no se hace con el nombramiento; hay un camino largo por recorrer y ninguna ruta es igual a otra. Las empresas y los proyectos toman forma a su manera, y todos los que estamos detrás de ellas contamos con historias diferentes que definen quiénes somos. Para mí no es tan sencillo señalar mis primeros pasos en Farmacias Similares porque, gracias a la vida que me tocó, mi historia no comenzó cuando me puse una bata para vender en una de nuestras farmacias, ni el día en que ocupé la oficina que alguna vez perteneciera a su fundador. Las bases del proyecto que ahora encabezo se trabajaron mucho antes. Tanto la empresa como yo crecimos a la par.

Cuando busco el inicio del camino que llevo, noto que mis huellas se remontan a las de quienes estuvieron antes que yo. La ruta que trazo no es exclusivamente mía; digamos que es un árbol con raíces que coinciden en mí (son las experiencias de todas las personas que influyen en mi vida) y, más adelante, cuando logro empujar positivamente a los demás y los inspiro, este camino se ramifica aún más y florece. Y gran parte de esto, junto con más cosas que he ido conociendo, dieron paso a mi admiración y aprendizaje de la cultura samurái. Lo explicaré poco a poco.

Tienes que entender que no sólo eres tú. Tu experiencia de vida es resultado de una reunión de aprendizajes y más adelante tú serás una de muchas raíces en la vida de alguien más. Eso te permite entender lo relevante de pensar siempre en la comunidad. Te vuelves consciente de la conexión que existe entre todos y la importancia de la gente que te rodea. Como CEO, saber esto me ha dado una amplia perspectiva para desarrollar un liderazgo más humano.

Tuve la fortuna de contar con un gran mentor en casa que, desde pequeño, me dejó enormes enseñanzas, no sólo sobre la dirección de un negocio, sino también de cómo mantener una visión humana en todo lo que hago. Además, no puedo negar su influencia en mi vida. Soy hijo de Víctor González Dr. Simi, fundador de Farmacias Similares, y desde niño me mantuve cerca de él y de todos sus proyectos profesionales.

Ahora tengo claro que observar es clave para gestar ideas. Si bien es algo que a la fecha sigo puliendo, estar cerca de mi papá en su papel de figura empresarial y social me permitió entender a detalle cómo actuar en diferentes terrenos. Él nunca me preparó directamente, nunca me dijo: «Tú algún día vas a ser empresario» o «A ti te toca seguir mis pasos». Más bien, siempre formé parte de sus actividades de manera indirecta. Pude ver su estilo como gestor y descubrí que su guía siempre fue con el ejemplo. Jamás pedía algo que él no hiciera o estuviera dispuesto a hacer, y la respuesta positiva de sus colaboradores me demostró que ese siempre es el mejor método de enseñanza y liderazgo.

Recuerdo los domingos, cuando vivíamos en Cuernavaca, Morelos, y quedaba claro que la solidaridad era el motor de mi familia. Llegaban combis cargadas de alimentos y juguetes, haciendo de nuestro hogar un centro de acción solidaria. Ver a mi papá distribuir las bolsas de ayuda con esa energía era inspirador. Aquello no sólo cambió la vida de quienes recibían el apoyo, sino también la mía: aprendí que la verdadera riqueza está en asistir a los demás y, la felicidad, en compartir con generosidad. Ser parte de esas acciones moldeó para siempre mi forma de ser y pensar. La solidaridad se convirtió en nuestro legado más valioso.

Acompañé a mi papá cuando visitó centros de rehabilitación, donde conocimos el sufrimiento de algunas personas que cayeron en adicciones. Siempre buscaba la forma de apoyarlas (tanto, que incluso algunas empezaron a trabajar con él). Les recordaba el valor que tienen como personas (no sólo para una compañía, sino como un importante engrane en una maquinaria), como seres productivos para sus familias, amistades, comunidades y para sí mismos. Eso los ayudó a pelear con más ganas contra sus enfermedades.

Visitamos conventos para conocer las labores caritativas de las monjas, sus historias, los desafíos que enfrentaban, las carencias que veían en las comunidades; y la indiferencia generalizada de la sociedad. Durante estas visitas nació la idea de Fundación Best para realizar labores altruistas y, años más tarde, en 2007, dio paso a Fundación del Dr. Simi.

Fui testigo de la formación del Movimiento Nacional Anticorrupción, pues para mi papá la honestidad siempre ha sido una de las bases de una sociedad sana; fue franco y valiente para encarar los riesgos sin importar qué tan grandes fueran, lo consideraba y sigue considerando una lucha necesaria. También, cuando mi papá fue candidato independiente a la presidencia del país, lo acompañé en los viajes, en los mítines y en las reuniones políticas donde buscó fortalecer su compromiso social e impulsar más las actividades que venía realizando.

Ser testigo de este ejemplo de compromiso, de ayuda a los que están en total vulnerabilidad y desprotección, y ser un agente social en lugar de uno empresarial, se volvió uno de los pilares de mi formación. Sin ser consciente de ello (como muchas veces pasa en nuestras vidas), estaba aprendiendo las lecciones más importantes sobre el significado del liderazgo.

Como mi historia, la de mi papá tampoco comenzó con él siendo director de una empresa. Nació con problemas congénitos que dificultaron su desarrollo. Por eso mi abuelo (a cargo de los Laboratorios Best) no lo apoyó en esta empresa de la misma forma que a sus otros hijos. Mi papá tuvo que desarrollar una capacidad intelectual tal que le permitiera competir y demostrarse a sí mismo y a los demás que era tan capaz como cualquiera. Ese fue el primer reto que le daría la fuerza para el resto de su trabajo.

Aunque no le daban muchas oportunidades para concretar sus ideas dentro de los laboratorios, mi papá logró ganarse a la gente. Era un hombre atento que sabía reconocer los aciertos de las personas y se los hacía notar, formó lazos fuertes con la gente sin importar la posición jerárquica. El laboratorio familiar estuvo cerca de la quiebra y él sentía que no lo dejaban actuar con ideas que pudieran cambiar la situación, así que prefirió irse.

Desconozco si fue casualidad o consecuencia, pero a su salida aumentaron los problemas de la empresa. Lo cierto es que, como él lo comenta en su libro autobiográfico, los mismos que intentaron cerrarle caminos, reconocieron que él le había dado un giro a la empresa, así que con el apoyo de muchos trabajadores regresó con nuevas propuestas para la recuperación de la compañía. Así como él reconoció el trabajo de quienes lo rodeaban, ellos supieron valorar el suyo.

Llegó a la directiva en 1976 y logró que el laboratorio retomara el buen camino: se ganó su lugar y el reconocimiento que tanto anheló gran parte de su vida; más que el de los demás, el propio.

Le demostró a Víctor González Torres que podía hacerlo. No le regalaron nada. Y aunque lo sufrió, se dio cuenta del crecimiento que se logra al enfrentar la adversidad. Fue una lección que me inculcó de forma práctica: más allá del cuidado y la atención paterna, siempre tuve que esforzarme para conseguir mis propias metas, tanto fuera como dentro de la empresa que él fundó.

Él también tuvo un gran ejemplo personal: María Morán, una indígena otomí que fue como su segunda madre y nana, a quien quiso mucho. Era muy responsable y cariñosa; le enseñó el valor de todas las personas sin importar su origen. De esta relación tan cercana nació su deseo por devolver parte de lo que recibió, en especial, a personas en vulnerabilidad, como algunas de los pueblos indígenas del país que sufren el abandono social.

Años después, en uno de sus viajes para visitar y llevar apoyo a comunidades indígenas, le obsequiaron un morral y, desde entonces, formó parte de su atuendo. Su imagen era singular: vestía de traje como los empresarios de la época, pero portaba siempre el morral e iba a todos lados con este símbolo de su compromiso social al hombro. Es un personaje disruptivo y con esta variedad de actitudes (empresario férreo y actor social comprometido), se ha vuelto en un medio para unir la cultura de las dirigencias empresariales con los sectores más desprotegidos de la población, algo que en su momento era poco común. Eso me lo inculcó de manera natural. Él no buscaba controlar ni mi camino ni mi futuro, pero siempre supo ser un ejemplo e inspirarme sin que yo me diera cuenta. El aprendizaje viene de todos lados. Por eso siempre es importante mantener la mente abierta y prestar mucha atención a todo lo que te rodea. De todas las personas recibes conocimiento, sea pequeño o grande; lo mejor es que lo aprecies por igual.

Por el ejemplo que tuve en casa, siempre sentí una gran afinidad por el mundo de los negocios. Llegó a fascinarme el medio en el que se desenvolvía mi papá y en muchas ocasiones me imaginé sentado en su silla, tomando decisiones, siguiendo sus pasos. Mi primer emprendimiento ocurrió desde muy joven, fue una experiencia que me hizo aprender «a la mala». Lo hice en la adolescencia, cuando tenía 14 o 15 años, y cursaba la prepa. Desde joven me han gustado los deportes y mantener activo el cuerpo; una de mis actividades favoritas era el *gotcha*. Los fines de semana iba con varios amigos a un campo de juego. Podíamos pasar todo el día ahí hasta acabar adoloridos y llenos de moretones por las balas de goma que, si te pegan en la piel, ¡cómo duele! Pero siendo chicos, eso no importaba porque nos creíamos invencibles. Es un pasatiempo divertido, aunque también caro, sobre todo si pasas tanto tiempo, como yo lo hacía, en el campo de juego.

Un día, después de una partida, empecé a platicar con un amigo sobre cómo generar dinero para mantener nuestra actividad y casi de inmediato nos surgió la idea de poner nuestro propio campo. Pensamos que si gastábamos tanto al jugarlo, seguro sería muy rentable tener nuestro propio *gotcha*. Mi papá tenía un terreno que podía ser el escenario perfecto para nuestra aventura empresarial. Ese día platiqué con él para proponerle darle uso y comenzar mi propio negocio. No le pedí equipo, dinero o consejo para administrarlo, sólo que me diera permiso de usar el terreno. Y estuvo de acuerdo.

Con nuestros ahorros, mi amigo y yo compramos todo lo necesario: pistolas de *paintball*, tanques de gas, balas de pintura, obstáculos; arreglamos el espacio y pagamos la publicidad en lonas y volantes. Estábamos tan ansiosos por ser empresarios que todo lo hicimos sin una preparación ni una planeación real, todo fue «al ahí se va». El negocio funcionó bien por un tiempo, recuperamos el dinero que invertimos, logramos sostener nuestro *hobby* y pagar nuestras propias partidas cuando íbamos como jugadores. Fue increíble compartir este breve sueño con un buen amigo. Era agradable vivir con él esta actividad que tanto disfrutábamos, pero ahora, desde el otro lado, desde el manejo y la administración, y no tanto como jugadores o clientes. El tema es que éramos unos adolescentes sin la menor idea de lo que estábamos haciendo, sin un objetivo claro y, al final, el negocio no funcionó.

Siempre hay que tener la capacidad de observar lo bueno dentro de lo malo. A pesar del fracaso de este primer negocio, saqué una buena lección: la experiencia es básica y una de las mejores formas de lograrla es equivocarse. Necesitas concretar tus ideas, pero debe ir acompañado de exploración y planeación, a fin de que el proyecto funcione adecuadamente.

En ese entonces, no tenía idea de las cuestiones burocráticas, de regulaciones y permisos comerciales; no imaginaba todo el sistema establecido en el que tienes que jugar. Como en el *gotcha*, hay un juego estructurado de cierta manera y reglas por seguridad de los participantes y del negocio. Este sistema tiene una razón de ser y debes familiarizarte con él antes de emprender.

Es muy complicado encontrar un mercado en el que seas el primero en poner un pie. En casi todos los casos ya hay negocios que se desenvuelven en el área donde quieres emprender, que siguen reglas o principios similares de los que puedes aprender para mejorar las probabilidades de tener un negocio funcional y exitoso.

Pienso en el caso de Napster (allá por el año 2000), el primer servicio para compartir música en internet entre pares, sin la intervención de disqueras o incluso de los mismos artistas. Aunque no funcionaba como un negocio, fue pionero en un área en la que nadie había incursionado. Era una forma excelente de hacer llegar la música a más personas y fue tan disruptiva que comenzó una reacción en cadena y dio origen a servicios como iTunes o Spotify, pero no siguió las reglas del juego y enfrentó juicios que concluyeron en su cierre definitivo.

Después de esta primera experiencia incursioné en otros negocios asociado también con amigos. En algunos casos, la idea fue de ellos y me invitaron a participar. La primera fue una comercializadora con la que importaba productos desde China. Comencé a los 18 años, antes de entrar a la universidad.

No creo en el amiguismo, pero sí en la observación y el reconocimiento de las oportunidades. Tener amigos con deseos de emprendimiento fue cuestión de sincronicidad; el apoyo y el conocimiento que me brindaron estas amistades también fueron un elemento fundamental en mi formación. Trabajar con amigos otorga beneficios como la confianza y la apertura a ideas y al diálogo, pero también permite ver a las personas más allá de la relación que comparten. Aprendí mucho sobre la lealtad, independientemente de la relación que tenía con cada uno de mis socios. Hasta hoy, aplico estas lecciones en Farmacias Similares, porque no sólo buscamos beneficiar a quienes ya son nuestros clientes, sino que nuestros programas y lealtad estén con quienes lo necesitan. Procuramos escuchar sus necesidades y devolverles parte de lo que la vida nos ha dado.

Ya en la universidad, comencé la empresa Green CarPet, que ofrecía baños de pasto sintético para perros. Siempre he sido amante de los animales y tenía a mi perro, pero como vivía en un departamento siempre existía el problema del baño, que puede parecer menor, pero quienes tienen mascotas lo padecen. En ese entonces, no conocía que en México existiera un producto que atendiera este problema, así que tuve la intención de desarrollarlo desde cero, pero recordé de inmediato uno de los errores de mi primer negocio: levantar todo desde abajo. Como no quería volver a equivocarme, decidí realizar una investigación de mercado, descubrí que ya existía un producto similar que sólo se vendía en China. En lugar de desanimarme, transformé la oportunidad: crear el producto desde cero habría involucrado todo un proceso de desarrollo, adquisición de materiales, obtención de patentes, registros, manufactura y un largo etcétera. Así que mejor aproveché que el producto ya se explotaba en otro territorio y sólo era cuestión de importarlo a un mercado completamente disponible. Inicié una pequeña empresa que era de apenas cinco personas.

Me acerqué personalmente a cadenas como +Kota y Walmart para hacer el *pitch* de ventas (el discurso con el que ofreces tu producto). Con este emprendimiento tuve que enfrentarme a muchas realidades y riesgos del mercado. Por lo regular, la gente espera que una empresa funcione de inmediato, pero el dinero puede tardar en llegar. Una mala gestión de los recursos puede causar conflictos porque hay que pagar los gastos de la empresa y, además, eres responsable del sustento de quienes trabajan para ti. Debes ser consciente de que eres parte de un equipo que confía en ti.

A diferencia del campo de *gotcha* que empecé en la prepa, este negocio sí despegó. Desde luego, no olvidé la parte humana y social: un porcentaje de las ganancias por las ventas de Green CarPet y otros productos que agregamos después al catálogo se destinaron a asociaciones de protección a los animales.

Las herramientas que obtuve al involucrarme directamente con las ventas me sirvieron más adelante, cuando entré a trabajar a Farmacias Similares como vendedor de mostrador. Esa fue la razón por la que tuve que vender tanto esta empresa como mis acciones en las comercializadoras: decidí sumarme al negocio de la familia. A la fecha, bajo una nueva dirección, Green CarPet se sigue vendiendo con mucho éxito. Las buenas ideas bien ejecutadas prosperan.

Mi primer acercamiento a la empresa familiar fue como proveedor y se dio con una de las comercializadoras que inicié con un amigo, en la que nos dedicábamos a importar productos desde China para diversos giros de empresas pequeñas. A este socio y amigo le propuse seguir el mismo modelo para aumentar la apuesta y buscar a un cliente más grande. La opción obvia era Farmacias Similares, que en aquel entonces se dedicaba exclusivamente a la venta de medicamentos genéricos. ¿Por qué limitarse a los genéricos? ¿Tendría éxito agregar otros productos al catálogo? ¿Qué otras opciones buscan las personas cuando piensan en salud? ¿Qué tan viable sería mantener esta nueva oferta de productos a precios accesibles (uno de los ejes de la compañía)?

Primero pensé en productos relacionados con la salud, que no fueran medicamentos y no necesitaran receta para su venta, porque era lo lógico. Me acerqué a otro amigo, cuyo padre tenía una empresa productora de leches y proteínas en Guadalajara. Ellos vendían una proteína líquida que se podía comercializar como suplemento alimenticio. Luego de negociar para resolver la cuestión de los costos y hacer el *pitch* a Farmacias Similares, firmamos un contrato y esta proteína se empezó a vender bajo el nombre de SimiSure. El producto tuvo éxito y entendieron que había otro mercado relacionado a la farmacéutica al que también podían dar atención.

Poco a poco comenzamos a proveer más productos relacionados con la salud y la higiene: suplementos alimenticios, toallas húmedas, pañales y otros artículos para bebés; agregamos hasta cremas humectantes y productos de baño. La oferta creció tanto, que se llegaron a incluir alimentos, perfumes y baterías. Hoy, todos ellos representan un alto porcentaje en las ventas totales. La propuesta fue un éxito, pero desde fuera, como proveedor (y no como colaborador), es difícil llevar a cabo el análisis profundo para conocer las necesidades de la gente y tomar las decisiones para que la ayuda sea una realidad.

Cuando entré a trabajar (ahora sí de manera directa) a Farmacias Similares, fui un miembro más del equipo: no tuve privilegios, facilidades ni guías, debí desenvolverme por mi cuenta con mi ingenio como único recurso, reconociendo mis habilidades para saber dónde podían ser más útiles. Para conocer a fondo el negocio, me inicié desde la base, las farmacias. Entré de vendedor en la tienda Centro 2, para entender las operaciones de venta directa, conocer a nuestros clientes y sus necesidades, así como las de nuestros vendedores.

El mejor trato que recibí dentro de la empresa fue en esta primera etapa. Disfrutaba mucho la convivencia con mis compañeros y el trato directo con los clientes, con las personas. Ellos me enseñaron muchísimo sobre el valor de la humildad y la importancia de la calidez y cordialidad en toda interacción. En el Centro de Distribución (Cedis) cargando cajas y más cajas de productos, vi el trabajo duro de mis compañeros, la escala de esfuerzo necesaria en los almacenes para hacer realidad la logística que sostiene a la empresa.

Al conversar con todos (vendedores, repartidores, clientes, montacarguistas y un largo etcétera) descubrí que no sólo era importante mejorar las condiciones de trabajo, sino que también algo fundamental atender la salud mental de la gente, ir más allá de lo estrictamente profesional. Y adquiere más sentido cuando pienso en las dificultades que todos vivimos.

Mis papás se divorciaron cuando yo tenía 10 años. Tiempo después, en el 2000, sufrimos la pérdida de una de mis hermanas. Fueron eventos que me marcaron y afectaron mucho. A causa de esto pasé una etapa muy difícil, pero nunca quise dejarme caer. Cuando era pequeño, el concepto «terapia» no era tan común como ahora, e iba acompañado de muchos estigmas sobre la salud mental. Por fortuna, años más tarde y de manera imprevista, encontré en la meditación y el budismo una alternativa para sanar estas heridas (de lo cual hablaré más adelante), pero ahora entiendo que pasé mucho tiempo sin un manejo adecuado de estas dificultades emocionales.

¿Por qué comparto esto? Al vincular la vida personal que observaba en mis compañeros y clientes, mis experiencias de niño y la noción de que la salud va más allá de los fármacos, surgió la idea de apoyar la salud mental a gran escala y poner nuestro granito de arena para quitar estigmas al apoyo psicológico profesional. Hoy contamos con servicios de atención psicológica, gracias al programa de Centro SIMI de Salud Emocional (SIMISAE), con más de 160 psicólogos que atienden más de 140 000 llamadas al mes, en conjunto con el Apoyo Psicológico y Salud Emocional (SIMIAPSE), que hasta ahora cuenta con 34 consultorios físicos y 8 salas de bienestar, donde se trabaja un modelo de terapia breve con herramientas prácticas para mejorar la salud mental y emocional de cada paciente.

Tras mi etapa de vendedor, pasé a Análisis Clínicos donde vi áreas de oportunidad. De inmediato, me di cuenta de que ese era el espacio en el que yo podía aportar más, hacer algo diferente y mejorarlo. Me volví supervisor y comencé a gestionar 15 unidades. Me especialicé en el desarrollo de campañas de venta, gestión de productos, capacitación a vendedores, publicidad P.O.P. (Point of Purchase o Punto de Venta, un tipo de publicidad que más que posicionar un producto, busca impulsar el reconocimiento de la marca), además, empecé una estructura de «entrenadores de producto». Me apasiona el desarrollo de productos nuevos y de que sus bondades se expliquen adecuadamente.

Cuando fui supervisor, estuve en las unidades y en las diferentes áreas a mi cargo; no esperaba que me llegaran los reportes y los informes que, a fin de cuentas, te presentan una parte de la realidad. Estar ahí me ayudaba a entender a fondo el panorama y el funcionamiento en tiempo real. Podía platicar con los empleados de las diferentes áreas y escuchar sus ideas y propuestas, porque estas no pueden venir sólo de una persona, y tampoco pueden surgir soluciones verdaderamente útiles si no conoces la realidad del área en la que vas a aplicarlas.

Con este conocimiento directo, empecé el modelo de capacitación que llamé Círculo Estratégico Para Impulso de Productos (CEPIP). Tiene varias etapas, desde el análisis del comportamiento de la oferta en tiendas y la capacitación de vendedores, hasta el diseño de promoción, cuya finalidad es desarrollar campañas para aumentar las ventas de un grupo de productos estratégicos. Estos entraban en esta categoría por varios motivos: se vendían poco porque no eran conocidos por el público o porque ya eran exitosos y tenían potencial de más crecimiento. La primera campaña fue con Protect (un ácido acetilsalicílico que ya teníamos en catálogo), pero de poca promoción. Gracias a las campañas que desarrollé con mi equipo, sus ventas crecieron 600 %. No había forma de negar que el sistema funcionaba.

Con el CEPIP aumentaron las ventas de los productos que incluimos en estas campañas en el pequeño grupo de farmacias a mi cargo y los números demostraron la capacidad de éxito del modelo. Así, poco a poco, creció y se adoptó en más unidades hasta que las ventas generales aumentaron 30 %. Ahora, como CEO, este modelo es parte de las bases de ventas y lo aplicamos de forma general.

Al interior de la empresa, la historia era un poquito diferente. La competencia dentro de Farmacias Similares era ardua. No por ser la empresa familiar fue un camino sencillo para mí, y menos cuando mi papá, el jefe de la empresa, tenía la actitud de *aquí nada se regala*. La industria farmacéutica es complicada, en especial con un modelo de negocio como el de Farmacias Similares, que se enfrentó a un *establishment* que hacía las cosas de otro modo. Por ejemplo: desde el principio, la empresa tuvo ante sí a gigantes de la industria, y ganarle terreno a quienes llevaban muchas décadas de presencia y fuerte anclaje en el mercado requería de una actitud dura. La manera de ser de un líder influye en su equipo y, por fortuna, mi papá siempre ha sido una persona de carácter fuerte. Eso permeó al interior de la empresa (era la forma de manejar las cosas en el pasado: con mucha rigidez y severidad, con un enfoque total en resultados y poca tolerancia al fracaso).

Comencé a trabajar de supervisor, empecé a tener más responsabilidad y también más oportunidades de llegar a puestos más altos gracias a los resultados, pero la tuve complicada por la competencia. Una de las cosas que pensé que se podrían mejorar era, justamente, la competencia interna y el estilo del liderazgo en diferentes niveles. No es que estuviera mal, pero hacía falta pulir las formas; había una cultura de competencia muy dura, tanto al interior como al exterior de la empresa.

Esto no es malo por sí mismo. Enfrentar la adversidad forja el carácter, encarar grandes obstáculos te hace valorar más el esfuerzo para superarlos. Hoy agradezco esa competencia porque me ayudó a templar mis emociones, a saber cómo controlarlas y dirigirlas de manera útil y positiva. La inteligencia emocional es una de las bases para mantenerte bien anclado a tus principios. Pero también era necesario implementar ciertos cambios. Hacía falta que las reacciones fuertes no se dieran sólo cuando algo no funcionaba; es decir, no nada más debían ser negativas. También hacerse presentes y ser igual de estruendosos cuando los resultados eran positivos y celebrar con la misma intensidad el éxito. Pero, sobre todo, ayudar a los trabajadores a estar bien consigo mismos.

Como mencioné, durante mi infancia viví dos eventos dolorosos que cimbraron mi mundo, y los estigmas sociales sobre la salud mental me impidieron recibir la ayuda que necesitaba. A eso hay que agregar el complicado paso de la niñez a la adolescencia. Esta es una etapa espinosa, todos los humanos la vivimos, aunque cada persona la transita de modo diferente. Por mis condiciones económicas tenía acceso a una vida en la que era fácil caer en los excesos y en la irresponsabilidad, además comencé a ganar mi propio dinero desde muy joven, sin la madurez real para manejarlo. A los 18, y en estas circunstancias, viviendo solo durante varios años, lejos de mi familia y sin apoyo psicológico profesional, encontré mucho respaldo con mis amigos.

Un día, uno de ellos me invitó a un curso de meditación y espiritualidad. De nuevo las sincronicidades. El curso era de tres días, trataba sobre temas en los que nunca me había interesado y de los que no sabía nada, y la única persona que conocía ahí era mi amigo. Para esa fecha, mi papá me había invitado a una fiesta en Argentina. A uno, de chico, claro que le interesan las fiestas, y esta era La Fiesta, el evento de mi vida: gigantesca, en un país tan hermoso como Argentina, rodeado de gente con la que la iba a pasar de maravilla. Fue un momento de decisión, determinante: pudo cambiar por completo mi vida. Fue el primer momento en el que me vi frente a dos grandes propuestas: continuar en el mundo que me era familiar y que, por supuesto, disfrutaba, o explorar algo desconocido que podía hacerme un bien mayor. Escuché mi voz interior y seguí mi instinto.

Acudí al curso. Era uno intensivo de meditación e introspección de tres fases. De 200 personas que empezamos, para la tercera etapa quedamos 20, y yo era el más joven. Ese fue mi primer acercamiento a la meditación y en los tres días que duró noté un gran cambio positivo en mí. Decidí continuar con ese camino, busqué otros cursos de espiritualidad, libros sobre budismo, comencé a meditar de manera recurrente para continuar mi desarrollo personal.

A partir de entonces, esa es la manera en la que he regido mi vida. Me ha dado las bases y herramientas para un autodescubrimiento con el cual desarrollé mi capacidad de observación, de control emocional, de evitar la reactividad ante las adversidades y, con ello, ha habido una transformación personal. En algún momento, incluso, formé un grupo de meditación junto con varios amigos que también tenían interés por el tema. Ahí compartíamos experiencias, descubrimientos sobre nosotros mismos y materiales de aprendizaje.

Ahí también me di cuenta de que no era un tema individual; formar una comunidad con valores semejantes es una gran fortaleza.

Tiempo después, en Farmacias Similares, busqué aplicar estos principios de espiritualidad al modelo comercial que teníamos, en beneficio de todos los que conforman nuestro equipo, para ayudarles a tener una mejor experiencia personal y profesional. Cuando la persona está bien y genuinamente siente que pertenece a su entorno, aumenta el valor que le da a su trabajo y, a la vez, reconoce su propósito.

Esto, además, es una herramienta para resolver conflictos y librar obstáculos. Con la meditación aprendes a estar en el momento y a combatir los pensamientos recurrentes. Las personas pasan 90 % del tiempo con pensamientos de otros momentos, ansiosos por las preocupaciones del futuro y estancados en las dolencias del pasado, insistiendo una y otra vez en las mismas ideas negativas. Rara vez están en el presente. Llega un pensamiento, nos identificamos con él, nos obsesionamos con él y comenzamos a generar historias que podrían no reflejar fielmente la realidad. Funciona como una cortina que no te permite ver lo que tienes enfrente. Vivir en el presente te facilita enfrentar los desafíos del trabajo y encontrar la innovación para superarlos. Es algo que busqué desarrollar tan pronto como me fue posible.

Meditación dirigida por el doctor Leo Rastogi.

Otra de las grandes enseñanzas que me inculcó mi papá es que, cuando pienses en algo que puedes llevar a cabo, lo hagas en el momento. Tu palabra es lo más importante que tienes y esta debe volverse acción. Cuando dices que harás algo, pero se queda en palabras, pierdes confianza en ti mismo, comienzas a formarte ideas y narrativas de que no eres capaz. Aunque no busquemos mentir, a quien terminamos engañando más con esto es a nosotros mismos. Ello refuerza esta avalancha de construcciones negativas. En cambio, cuando ejecutas tus ideas, te das cuenta de tus capacidades. Incluso si no te dan los resultados esperados, se aprende más del fracaso que de la inacción.

A mi llegada a la presidencia ejecutiva, busqué formar una nueva cultura. Mi intención no era derrumbar la casa y construir una nueva, sino analizar qué servía y qué no; tomar lo mejor del viejo mundo y agregarle lo moderno. No me pareció adecuado abandonar del todo el modelo del pasado.

Con el deseo de integrar una nueva cultura laboral, procurar bienestar para los trabajadores, guiar con el ejemplo (con la base de mi formación espiritual), reflejar al interior de la empresa, la empatía que da origen a nuestros programas sociales; desarrollé un liderazgo cuyas bases son:

- Te ayudo
- Te apoyo
- Te inspiro
- Te motivo

Esto genera un clima laboral de motivación en todos los niveles. Todos están apasionados con lo que hacen, con las metas de la empresa y con los programas que realizamos. No buscamos castigar, es decir, que si algo se hace mal signifique ser despedido. Al contrario, queremos enseñar e inspirar, reconocer el esfuerzo diario.

Muchas veces, las organizaciones (sobre todo cuando son muy grandes) tienden a enfocarse en los resultados sin darle mucha importancia a quienes los generan o bajo qué condiciones lo hacen. Se piensa en la compañía como un ente individual e independiente.

Los resultados son fundamentales, pero es importante reconocer a quienes los llevan a cabo. Una organización, como la misma palabra lo indica, es un conjunto de individuos organizados para un mismo fin y todos cumplen una parte esencial para ello. Por esta razón me gusta trabajar mediante el amor y la inspiración. Me queda claro que debe existir un balance entre la responsabilidad, los resultados, el crecimiento, la diversión, el propósito y el valor humano. Es decir, flexibilizar para no quebrar.

Me volví el puente entre las nuevas generaciones de trabajadores que empezaban a una edad parecida a la mía (yo entré de vendedor cuando tenía cerca de 18 años) y las generaciones que estaban en la Dirección cuando mi papá encabezaba la empresa. No se trató de una renovación total porque ya existían bases fuertes como la disciplina, la rapidez en el trabajo y un compromiso laboral fuerte, pero se integraron los valores de las nuevas generaciones y la experiencia con la tecnología. Es decir, una cultura laboral igual de comprometida, pero donde es fundamental el respeto personal y la apertura de mente a ideas nuevas. Más que cambiar, lo que hice fue sumar: agregué mi toque personal, gracias al aprendizaje espiritual.

He buscado ser un líder en el centro de ese balance; transmitir valores a la vez que mantengo un sentido competitivo más sano. La competencia no es para ser mejor que los demás, sino para que nosotros mismos seamos mejores que ayer. No es para girar a ver cómo le está yendo al resto de la industria, sino para mirar adelante y reconocer en qué podemos mejorar nosotros. Los errores no tienen que ser una razón inmediata para que alguien pierda su trabajo. La cultura que he querido desarrollar en la compañía se rige por un pensamiento muy sencillo: si no sabes, te enseño; si no puedes, te ayudo; si no quieres, dale la oportunidad a alguien más.

El objetivo es ofrecer herramientas a las personas, inspirarlas, ayudar y aconsejar si existe algún problema en el desempeño, enseñarles si hay algo que no sepan hacer. Uno mismo puede reconocer cuando tiene la capacidad y sólo necesita el apoyo de sus compañeros, y cuándo es mejor hacerse a un lado y darle la oportunidad a otra persona. Es una cuestión de autoconocimiento e inteligencia emocional. No es necesario el regaño, el miedo. Solamente se necesita reconocer a los demás y reconocernos a nosotros mismos.

Un líder también debe saber cuándo tomar decisiones difíciles. Si el problema es una cuestión de actitud, entonces debe actuarse de una forma más marcada, porque puede afectar al entorno. Los médicos lo saben muy bien. Pueden enfrentar una enfermedad con todas las herramientas posibles, desde la prevención hasta el uso de medicamentos, pero cuando hay, por ejemplo, un tumor maligno, es mejor extirparlo aunque la operación sea complicada, porque el riesgo de no actuar es mayor. Pero esto casi siempre es el último recurso, cuando la gravedad del asunto lo amerita.

Es importante saber inspirar y formar una verdadera compañía, integrada no por jefes y empleados, sino por compañeros. Mi pensamiento es que todos ganamos o todos perdemos, no puede haber beneficios para el líder y desprotección para los colaboradores. He buscado fomentar una cultura de solidaridad y reconocimiento mutuo más que de rivalidad entre compañeros porque, a fin de cuentas, todos vamos hacia la misma meta. No me gusta la gente que levanta la mano para palmear su propio hombro. Y eso es algo que también me enseñó mi papá.

Hace muchos años, en una junta, cuando él todavía era presidente, uno de los ejecutivos tomó la palabra para decirle: «Señor González, muchas felicidades por haber logrado tanto crecimiento; ese logro es suyo». Mi papá de inmediato lo frenó: «No, este logro no es mío, es de todos: es *nuestra* compañía». Esa mentalidad de integración hace que la gente no te siga por obligación, sino por voluntad. Todos somos parte del equipo, somos parte de los resultados, todos podemos buscarle una solución a un problema y apoyar a quien necesite ayuda. Todos sumamos, desde el CEO hasta nuestro gran equipo de vendedores en farmacias.

Por este desarrollo de cultura generacional, en la empresa existe una gran libertad de propuesta. Claro, deben seguirse ciertos pasos para ejecutarla en forma, pero no esperamos que las ideas caigan de arriba abajo, como si fuera una cascada, y que los empleados esperen a que los directivos tengan toda la iniciativa. Si un trabajador en su área, sea cual fuere, incluso desde el punto de venta, encuentra una solución o se le ocurre una idea que podría funcionar, no sólo puede, sino que lo alentamos a proponerla y luchar por emprenderla.

En mi oficina tengo una placa de metal que dice: «No vengas con excusas, trae soluciones». Esto no es sólo un mensaje para mis colaboradores, tampoco es un discurso de regaño o una amenaza, sino un recordatorio para mí mismo de que la acción es fundamental, que si en pensamiento o palabra se genera una idea, no hay cabida a las excusas... siempre debe imponerse la acción y todos en el equipo de trabajo pueden regirse por el mismo principio.

Gracias a esta apertura mental hemos hecho otras adaptaciones. Una de las más claras, aunque muchas industrias se niegan a adoptarla, es el trabajo remoto. Empezamos a implementar un modelo de trabajo híbrido con el que los trabajadores van cuatro días a la oficina y el quinto es remoto. Con la pandemia, el trabajo remoto fue una necesidad y debimos tener la flexibilidad para adaptarnos, pero con el tiempo también nos dimos cuenta de que estamos ante una oportunidad para aprovechar las tecnologías en beneficio de nuestros trabajadores, que una empresa tradicional pueda ser operada con una computadora. Al tener más tiempo en casa, relajarse un poco y no enfrentar todos los días el caos de la ciudad, el trabajador tiene mejor calidad de vida.

También es una exigencia de las nuevas generaciones. Lo cierto es que existe mucha precariedad en la mayoría de los sectores laborales; millennials y centennials no consideran que tener el mismo nivel de sacrificio (que se hacía dos o tres generaciones antes) se traduzca en las mismas recompensas (de hace dos o tres generaciones). Prefieren dar más valor a otras áreas de su vida personal: a disfrutar en familia, en pareja o con amigos, y tener tiempo para sí mismos. Es una exigencia razonable a la que debemos adaptarnos. El esparcimiento es un derecho humano y vivir encadenado a una oficina limita ese derecho.

En apariencia, cambios tan pequeños como ese pueden ser la diferencia entre captar talento joven y propositivo o perderlo. No atraer a las nuevas mentes es un riesgo enorme, porque gracias a este talento hemos podido desarrollar innovación tanto de productos como de estrategias para mantener contacto con la gente.

feliz que estaba el obispo de Roma con él. Surgió la idea de un ntacto directo: si ya habíamos visto que al menos el peluche era nocido, bien podríamos revisar la posibilidad de encontrarnos. El culo que esta otra persona tenía con la Santa Sede nos ayudó a ar un enlace y recibimos una invitación para ir al Vaticano a fin de tribuir con la restauración de la coronación de la Virgen de Guaupe, el símbolo más importante del catolicismo en México. La cita a misa fue el 12 de diciembre y acudimos dos de mis hermanas y Nos dijeron que tendríamos una audiencia privada, originalmente an 10 minutos, que para nosotros era más que suficiente. Lograr era ya un logro enorme, pero las sincronicidades no pararon.

El Papa Francisco recibe al Dr. Simi.

El Papa Francisco eligió su nombre por san Francisco de Asís, un amante de la naturaleza. Se dice que al caminar miraba cada de sus pasos para no pisar ni siquiera un insecto. Incluso hablaon los animales a los que consideraba hermanos. Al ser el Papa mante de la naturaleza, la elección de su nombre fue natural. a mes elige un tema social al que dedicará sus labores principaCuriosamente, ese diciembre que nos reunimos con él, había elecomo tema las discapacidades. ¿Por qué digo «curiosamente»?

Gracias a ese talento comenzamos las campañas de comunicación en redes sociales y también las estrategias de comunicación internas con las que somos capaces de sostener la nueva cultura de liderazgo. Soy el ejemplo de lo que digo, cuando la gente ve que eres lo que predicas, tienen un mayor deseo de seguirte.

A lo largo de mi vida, y de casi 17 años de trabajo dentro de esta empresa, he acumulado muchas experiencias para lograr como equipo lo alcanzado. Ahora cuento con las habilidades para manejar a 60 000 personas de manera responsable, siendo consciente de sus necesidades y de los seres humanos con valor que son.

Muchos, quizá sea tu caso, soñamos con el momento de tomar las riendas de un gran negocio y lo imaginamos como una meta. Pero llegar a esta etapa, ser el CEO de una empresa con reconocimientos internacionales, no es la conclusión. Me gusta pensarlo así: imagina que escalas una montaña, pero donde estás no alcanzas a ver la cima; cada pequeña cumbre que conquistas te revela una nueva que debes superar. Cuando al fin llegas al pico, ves el mundo con toda su majestuosidad, con bosques, ríos, desiertos y mares, cada uno con sus propios desafíos. Y al admirar este inmenso panorama, te das cuenta de que la cúspide que conquistaste con tanto esfuerzo es apenas el inicio del camino.

CLAVES SIMISAMURÁI

- Busca tu propósito para avanzar con mayor claridad.
- Camina respetando tus valores para no perderte.
- Atrévete a impulsar tu idea; aun fracasando saldrás ganando.
- Equivócate para familiarizarte con las reglas del juego.
- Puedes ser un gran líder si estás abierto al aprendizaje, trabajas en tu inteligencia emocional, buscas adaptarte y estás dispuesto a aceptar la derrota.
- Acompaña tus palabras con acciones.
- Medita para tener fortaleza en cuerpo y mente.
- Establece medidas que te brinden información útil sobre tu producto y ventas.

2
Nuestro bushido

No creo en la suerte, creo en las sincronicidade
suceden por mera fortuna, coinciden con otras y
de oportunidad. Es tu responsabilidad reconocerl;
una de estas concordancias que tuve la oportunid
Papa Francisco. Uno de nuestros colaboradores, o
quicias Norte, tiene una hermana que vive en Ro
sus vacaciones. Por iniciativa propia, mandó per
luche del Dr. Simi con el atuendo del pontífice, u
fue una campaña de la empresa, no fue nada que
ramos planeado. Él fue a Italia y decidió hacer o
intentar entregárselo como una acción auténtica

Ya en Roma, a finales de 2023, él y su her
visitar el Vaticano (donde el Papa ofrece audienc
Plaza de San Pedro), con el SimiPapa y otro Sin
rro, en las manos. Las acciones coinciden y las
generan. Por situaciones ajenas a ellos, llegaron
estaba tan abarrotada que sólo pudieron coloc
por donde normalmente no camina el Santo Pad
dor se desanimó un poco pero, por coincidenci
decidió recorrer justo esa zona. De lo siguiente i
y fotografías que llegaron a la prensa. El Papa
emocionó; al parecer la publicidad de Simi es
hasta en el Vaticano lo conocen. El Papa pid
para recibir el peluche y, al tenerlo, se alegró
fotografías se nota la felicidad en su rostro. As
para nuestro colaborador. Pero la historia no a

Días más tarde, un conocido de mis herman
colabora con alguien que trabaja para el Vaticano
sación lo del SimiPapa, cómo sucedió sin que la e

Dos de nuestras líneas de acción son SíMiPlaneta (una fundación de Grupo Por Un País Mejor, que se origina para impulsar acciones en favor del medioambiente) y el apoyo a personas con alguna discapacidad. Entonces, los dos temas que nosotros ya veníamos atendiendo también eran sus temas, y al platicar en la audiencia privada, de inmediato hubo un interés real de ambas partes por compartir ideas. Él mismo lo mencionó: «Tus causas son mis causas».

Al final, la audiencia se extendió 46 minutos. Nos brindó incluso más tiempo que a presidentes de Estados Unidos, como Barack Obama. No acudimos con la intención de cumplir con alguna agenda, fuimos para compartir lo que hacemos por la gente, por el planeta, para mostrar que hay un caso de éxito social en México con una empresa que está ayudando y transformando al país. Eso le llamó mucho la atención. Durante la reunión nos dijo varias veces: «Ustedes son auténticos». Hubo una conexión verdadera y muy fuerte porque el Papa Francisco también es una persona muy genuina en su deseo de ayudar.

Ese es el valor de ser honesto en lo que haces, debes sentir de verdad tu propósito. Tener estos valores como eje central de la compañía nos permitió que nuestro símbolo principal llegara hasta el Papa y nos abrió las puertas del Vaticano. De esta reunión pudimos concretar varias acciones, como traer a México la reliquia del brazo de San Judas Tadeo, la exposición itinerante de la reconstrucción de la Capilla Sixtina del Vaticano y los tesoros del Vaticano (el mayor patrimonio de la Iglesia Católica en el mundo).

Farmacias Similares no se creó como algo ajeno a la realidad del país. Nació como respuesta a un problema social en México: el costo de tener buena salud y el acceso a medicamentos que era excesivamente elevado, incluso los más básicos significaban un lujo. La industria farmacéutica daba prioridad a las ganancias más que al bienestar de la gente. Sin importar la urgencia, si no podías pagar por la medicina, no quedaba nada por hacer.

Tanto para la compañía como para mí, siempre han sido muy importantes los valores. Uno de ellos, que siempre hemos tenido claro, es el de la honestidad. Es una pieza fundamental que no se toca, que rige cada una de las decisiones al interior y al exterior de la organización. Consiste en gran medida sobre el deseo de contribuir, ayudar, buscar un país mejor y de aplicar lo que en otras latitudes ya se conoce como *capitalismo consciente*. Como empresa, claro que buscamos crecer, pero no queremos hacerlo a costa de la sociedad y de nuestra propia conciencia; no buscamos el éxito sin devolver algo a quienes más lo necesitan. Queremos apoyar a quienes conforman nuestros equipos de trabajo y a la sociedad. Eso solamente se logra cuando tienes claro tu propósito.

En 2003, se estrenó la película *El último samurái* del director Edward Zwick. Desde que la vi se convirtió en una de mis favoritas. Me atrapó por completo y aunque estaba muy chico, quedé fascinado con la imagen honorable del samurái. Fue un primer acercamiento a las culturas orientales. Más tarde, cuando me interné en el mundo de la meditación, conocí el budismo. Su filosofía (a grandes rasgos) establece que en la vida hay sufrimiento y que, mediante el autodescubrimiento, podemos alcanzar un estado fuera del ciclo de este. A partir de estas bases, comencé a explorar desde muy joven las culturas asiáticas, en especial, la japonesa.

En la universidad estudié parte de esta cultura, cuyos principios son disciplina, paciencia, compromiso, lealtad, humildad, honor y actitud de servicio. Una de sus raíces es el samurái: una casta de guerreros que seguían un férreo código de honor. Japón es un archipiélago, su espacio es relativamente pequeño y cuenta con pocos recursos naturales; sin embargo, con esta filosofía, se ha constituido en potencia mundial después de diversas guerras, crisis sociales y gobiernos dañinos.

La gente que hace negocios en Japón piensa en el futuro a largo plazo, no en el beneficio inmediato. Cuando crean una empresa, piensan a treinta años. Estas metas no les parecen descabelladas porque son personas sumamente metódicas y esta disciplina les permite proyectar a largo plazo. El orden y la constancia forma parte de todos los ámbitos de su cultura. Por ejemplo, no hay basura en las calles porque desde pequeños les enseñan en casa y en las escuelas que la limpieza es parte de un hábito, no un castigo; lo promueven como algo positivo. En cambio, en las culturas occidentales vemos esta actividad como un correctivo: cuando eres chico y te portas mal, como castigo te ponen a limpiar tu cuarto. En los hogares preguntamos como juego: «¿A quién le toca limpiar?», y quien tarde en responder o pierda será el que limpie o recoja la basura. Lo aceptamos como algo negativo.

Cuando los japoneses hacen algo, buscan cumplirlo a la perfección. La mejora constante en su cultura la admiro mucho, es algo a lo que aspiro. Entiendo que nada es perfecto, pero la mejora constante, la tendencia a superarse y la innovación son clave. En Japón hay un concepto que se llama *ikigai*. Esta palabra no tiene una traducción literal, pero se puede explicar como «la razón de vivir». Es el motivo por el que haces las cosas, lo que hace que valga la pena vivir. Es tu propósito de vida y es deber de cada uno averiguar por qué hace lo que hace.

Hay una historia que me encanta: mientras dos personas trabajaban la piedra en una cantera, alguien que pasaba se detuvo a observar su tarea; en apariencia, era idéntica, pero tras verlo mejor, empezó a notar algunas diferencias. Al primer trabajador le preguntó: «¿Por qué golpeas la piedra con tu cincel y tu martillo?». Este respondió en seco: «Para cortarla». Sin más. Es sólo una labor, una acción mecánica. Vio que el segundo hombre lucía más animado y hasta más comprometido con cada golpe que daba. Le hizo la misma pregunta y este le respondió: «Estoy cortando la piedra que servirá para construir la catedral más importante del mundo, que atraerá a millones de personas y las reunirá para fortalecer su fe». La diferencia no nada más estaba en las respuestas, sino en el compromiso, y eso pasa cuando uno tiene un propósito superior.

Estoy convencido de que no sólo estamos en la industria farmacéutica, sino también en el negocio de la felicidad. Nuestra meta no nada más es disminuir el sufrimiento y el dolor, sino que, además, buscamos elevar el bienestar, la unión, la paz y la armonía. Desarrollé un modelo para permear profundamente nuestros valores y propósito en todos los niveles de la empresa y, así, transmitirlos al exterior con nuestras acciones y, desde luego, de una manera divertida.

Combinando todos estos conceptos que me apasionan, desarrollé el modelo de Liderazgo Ejemplar del Simisamurái, que comenzó varios años antes de que yo tomara la dirección de la empresa. Un fin de semana, allá por 2016, me escapé con dos colaboradores a Cuernavaca y estuvimos platicando cómo dar forma al proyecto. Buscaba un símbolo que motivara a los trabajadores y los ayudara a internalizar estos valores. A veces, cuando hablas de estos temas, la gente no atiende: como si vieras un bloque de texto en la página 4 de una publicación, lo lees una vez y nunca vuelves a pensar en ello. No emociona para nada a los trabajadores.

¿Por qué no tratar de hacerlo divertido? ¿Pero cómo? En un viaje encontré muchos paralelismos entre mis valores, la forma de pensamiento de la organización y los samuráis. El guerrero es un arquetipo poderoso y el samurái, una imagen simbólica que llama mucho la atención porque se les considera como unos de los mejores guerreros que han existido, temidos por sus enemigos y muy tenaces, pero también poseedores de una gran nobleza, gentileza, temperamento equilibrado y actitud de servicio. Además, eran practicantes de la meditación y el zen.

¿Por qué no convertir a nuestros trabajadores en guerreros? ¿Por qué no transformarlos en Simisamuráis? Comunicarles esta figura y llevarlos más allá de un simple empleo podía tener implicaciones muy poderosas. Y, además, es divertido. De niños nos encanta la idea del juego, de la adopción de personajes, de jugar a ser héroes, a ser como nuestros papás o mamás, abogados que luchan por la justicia, doctoras que descubren curas a enfermedades terribles, guerreros que salvan al desprotegido... Mantener vivo este juego en la adultez puede ser una gran fuente de motivación.

Al final, nos decidimos por dos ejes principales:

1. El liderazgo con el ejemplo
2. El reconocimiento mutuo

Ese mismo año, el modelo ya había entrado en práctica en las áreas a mi cargo. De nuevo: tu palabra lo es todo y esta debe ser acción. ¿Pero en qué consiste el modelo del Simisamurái?

Gracias a ese talento comenzamos las campañas de comunicación en redes sociales y también las estrategias de comunicación internas con las que somos capaces de sostener la nueva cultura de liderazgo. Soy el ejemplo de lo que digo, cuando la gente ve que eres lo que predicas, tienen un mayor deseo de seguirte.

A lo largo de mi vida, y de casi 17 años de trabajo dentro de esta empresa, he acumulado muchas experiencias para lograr como equipo lo alcanzado. Ahora cuento con las habilidades para manejar a 60 000 personas de manera responsable, siendo consciente de sus necesidades y de los seres humanos con valor que son.

Muchos, quizá sea tu caso, soñamos con el momento de tomar las riendas de un gran negocio y lo imaginamos como una meta. Pero llegar a esta etapa, ser el CEO de una empresa con reconocimientos internacionales, no es la conclusión. Me gusta pensarlo así: imagina que escalas una montaña, pero donde estás no alcanzas a ver la cima; cada pequeña cumbre que conquistas te revela una nueva que debes superar. Cuando al fin llegas al pico, ves el mundo con toda su majestuosidad, con bosques, ríos, desiertos y mares, cada uno con sus propios desafíos. Y al admirar este inmenso panorama, te das cuenta de que la cúspide que conquistaste con tanto esfuerzo es apenas el inicio del camino.

CLAVES SIMISAMURÁI

- Busca tu propósito para avanzar con mayor claridad.
- Camina respetando tus valores para no perderte.
- Atrévete a impulsar tu idea; aun fracasando saldrás ganando.
- Equivócate para familiarizarte con las reglas del juego.
- Puedes ser un gran líder si estás abierto al aprendizaje, trabajas en tu inteligencia emocional, buscas adaptarte y estás dispuesto a aceptar la derrota.
- Acompaña tus palabras con acciones.
- Medita para tener fortaleza en cuerpo y mente.
- Establece medidas que te brinden información útil sobre tu producto y ventas.

2
Nuestro bushido

No creo en la suerte, creo en las sincronicidades. Las cosas no suceden por mera fortuna, coinciden con otras y crean ventanas de oportunidad. Es tu responsabilidad reconocerlas. Fue gracias a una de estas concordancias que tuve la oportunidad de conocer al Papa Francisco. Uno de nuestros colaboradores, director de Franquicias Norte, tiene una hermana que vive en Roma y la visitó en sus vacaciones. Por iniciativa propia, mandó personalizar un peluche del Dr. Simi con el atuendo del pontífice, un SimiPapa. No fue una campaña de la empresa, no fue nada que nosotros hubiéramos planeado. Él fue a Italia y decidió hacer esta versión para intentar entregárselo como una acción auténtica y personal.

Ya en Roma, a finales de 2023, él y su hermana decidieron visitar el Vaticano (donde el Papa ofrece audiencias públicas en la Plaza de San Pedro), con el SimiPapa y otro Simi vestido de charro, en las manos. Las acciones coinciden y las oportunidades se generan. Por situaciones ajenas a ellos, llegaron tarde a la plaza; estaba tan abarrotada que sólo pudieron colocarse en una zona por donde normalmente no camina el Santo Padre. Este colaborador se desanimó un poco pero, por coincidencia, ese día el Papa decidió recorrer justo esa zona. De lo siguiente incluso hay videos y fotografías que llegaron a la prensa. El Papa vio el peluche y se emocionó; al parecer la publicidad de Simi es tan efectiva que hasta en el Vaticano lo conocen. El Papa pidió detener el auto para recibir el peluche y, al tenerlo, se alegró muchísimo. En las fotografías se nota la felicidad en su rostro. Así concluyó ese día para nuestro colaborador. Pero la historia no acabó ahí.

Días más tarde, un conocido de mis hermanas nos contactó (él colabora con alguien que trabaja para el Vaticano). Salió a la conversación lo del SimiPapa, cómo sucedió sin que la empresa lo pensara y lo feliz que estaba el obispo de Roma con él. Surgió la idea de un contacto directo: si ya habíamos visto que al menos el peluche era conocido, bien podríamos revisar la posibilidad de encontrarnos. El vínculo que esta otra persona tenía con la Santa Sede nos ayudó a crear un enlace y recibimos una invitación para ir al Vaticano a fin de contribuir con la restauración de la coronación de la Virgen de Guadalupe, el símbolo más importante del catolicismo en México. La cita de la misa fue el 12 de diciembre y acudimos dos de mis hermanas y yo. Nos dijeron que tendríamos una audiencia privada, originalmente serían 10 minutos, que para nosotros era más que suficiente. Lograr eso era ya un logro enorme, pero las sincronicidades no pararon.

El Papa Francisco recibe al Dr. Simi.

El Papa Francisco eligió su nombre por san Francisco de Asís, un gran amante de la naturaleza. Se dice que al caminar miraba cada uno de sus pasos para no pisar ni siquiera un insecto. Incluso hablaba con los animales a los que consideraba hermanos. Al ser el Papa un amante de la naturaleza, la elección de su nombre fue natural. Cada mes elige un tema social al que dedicará sus labores principales. Curiosamente, ese diciembre que nos reunimos con él, había elegido como tema las discapacidades. ¿Por qué digo «curiosamente»?

Dos de nuestras líneas de acción son SíMiPlaneta (una fundación de Grupo Por Un País Mejor, que se origina para impulsar acciones en favor del medioambiente) y el apoyo a personas con alguna discapacidad. Entonces, los dos temas que nosotros ya veníamos atendiendo también eran sus temas, y al platicar en la audiencia privada, de inmediato hubo un interés real de ambas partes por compartir ideas. Él mismo lo mencionó: «Tus causas son mis causas».

Al final, la audiencia se extendió 46 minutos. Nos brindó incluso más tiempo que a presidentes de Estados Unidos, como Barack Obama. No acudimos con la intención de cumplir con alguna agenda, fuimos para compartir lo que hacemos por la gente, por el planeta, para mostrar que hay un caso de éxito social en México con una empresa que está ayudando y transformando al país. Eso le llamó mucho la atención. Durante la reunión nos dijo varias veces: «Ustedes son auténticos». Hubo una conexión verdadera y muy fuerte porque el Papa Francisco también es una persona muy genuina en su deseo de ayudar.

Ese es el valor de ser honesto en lo que haces, debes sentir de verdad tu propósito. Tener estos valores como eje central de la compañía nos permitió que nuestro símbolo principal llegara hasta el Papa y nos abrió las puertas del Vaticano. De esta reunión pudimos concretar varias acciones, como traer a México la reliquia del brazo de San Judas Tadeo, la exposición itinerante de la reconstrucción de la Capilla Sixtina del Vaticano y los tesoros del Vaticano (el mayor patrimonio de la Iglesia Católica en el mundo).

Farmacias Similares no se creó como algo ajeno a la realidad del país. Nació como respuesta a un problema social en México: el costo de tener buena salud y el acceso a medicamentos que era excesivamente elevado, incluso los más básicos significaban un lujo. La industria farmacéutica daba prioridad a las ganancias más que al bienestar de la gente. Sin importar la urgencia, si no podías pagar por la medicina, no quedaba nada por hacer.

Tanto para la compañía como para mí, siempre han sido muy importantes los valores. Uno de ellos, que siempre hemos tenido claro, es el de la honestidad. Es una pieza fundamental que no se toca, que rige cada una de las decisiones al interior y al exterior de la organización. Consiste en gran medida sobre el deseo de contribuir, ayudar, buscar un país mejor y de aplicar lo que en otras latitudes ya se conoce como *capitalismo consciente*. Como empresa, claro que buscamos crecer, pero no queremos hacerlo a costa de la sociedad y de nuestra propia conciencia; no buscamos el éxito sin devolver algo a quienes más lo necesitan. Queremos apoyar a quienes conforman nuestros equipos de trabajo y a la sociedad. Eso solamente se logra cuando tienes claro tu propósito.

En 2003, se estrenó la película *El último samurái* del director Edward Zwick. Desde que la vi se convirtió en una de mis favoritas. Me atrapó por completo y aunque estaba muy chico, quedé fascinado con la imagen honorable del samurái. Fue un primer acercamiento a las culturas orientales. Más tarde, cuando me interné en el mundo de la meditación, conocí el budismo. Su filosofía (a grandes rasgos) establece que en la vida hay sufrimiento y que, mediante el autodescubrimiento, podemos alcanzar un estado fuera del ciclo de este. A partir de estas bases, comencé a explorar desde muy joven las culturas asiáticas, en especial, la japonesa.

En la universidad estudié parte de esta cultura, cuyos principios son disciplina, paciencia, compromiso, lealtad, humildad, honor y actitud de servicio. Una de sus raíces es el samurái: una casta de guerreros que seguían un férreo código de honor. Japón es un archipiélago, su espacio es relativamente pequeño y cuenta con pocos recursos naturales; sin embargo, con esta filosofía, se ha constituido en potencia mundial después de diversas guerras, crisis sociales y gobiernos dañinos.

La gente que hace negocios en Japón piensa en el futuro a largo plazo, no en el beneficio inmediato. Cuando crean una empresa, piensan a treinta años. Estas metas no les parecen descabelladas porque son personas sumamente metódicas y esta disciplina les permite proyectar a largo plazo. El orden y la constancia forma parte de todos los ámbitos de su cultura. Por ejemplo, no hay basura en las calles porque desde pequeños les enseñan en casa y en las escuelas que la limpieza es parte de un hábito, no un castigo; lo promueven como algo positivo. En cambio, en las culturas occidentales vemos esta actividad como un correctivo: cuando eres chico y te portas mal, como castigo te ponen a limpiar tu cuarto. En los hogares preguntamos como juego: «¿A quién le toca limpiar?», y quien tarde en responder o pierda será el que limpie o recoja la basura. Lo aceptamos como algo negativo.

Cuando los japoneses hacen algo, buscan cumplirlo a la perfección. La mejora constante en su cultura la admiro mucho, es algo a lo que aspiro. Entiendo que nada es perfecto, pero la mejora constante, la tendencia a superarse y la innovación son clave. En Japón hay un concepto que se llama *ikigai*. Esta palabra no tiene una traducción literal, pero se puede explicar como «la razón de vivir». Es el motivo por el que haces las cosas, lo que hace que valga la pena vivir. Es tu propósito de vida y es deber de cada uno averiguar por qué hace lo que hace.

Hay una historia que me encanta: mientras dos personas trabajaban la piedra en una cantera, alguien que pasaba se detuvo a observar su tarea; en apariencia, era idéntica, pero tras verlo mejor, empezó a notar algunas diferencias. Al primer trabajador le preguntó: «¿Por qué golpeas la piedra con tu cincel y tu martillo?». Este respondió en seco: «Para cortarla». Sin más. Es sólo una labor, una acción mecánica. Vio que el segundo hombre lucía más animado y hasta más comprometido con cada golpe que daba. Le hizo la misma pregunta y este le respondió: «Estoy cortando la piedra que servirá para construir la catedral más importante del mundo, que atraerá a millones de personas y las reunirá para fortalecer su fe». La diferencia no nada más estaba en las respuestas, sino en el compromiso, y eso pasa cuando uno tiene un propósito superior.

Estoy convencido de que no sólo estamos en la industria farmacéutica, sino también en el negocio de la felicidad. Nuestra meta no nada más es disminuir el sufrimiento y el dolor, sino que, además, buscamos elevar el bienestar, la unión, la paz y la armonía. Desarrollé un modelo para permear profundamente nuestros valores y propósito en todos los niveles de la empresa y, así, transmitirlos al exterior con nuestras acciones y, desde luego, de una manera divertida.

Combinando todos estos conceptos que me apasionan, desarrollé el modelo de Liderazgo Ejemplar del Simisamurái, que comenzó varios años antes de que yo tomara la dirección de la empresa. Un fin de semana, allá por 2016, me escapé con dos colaboradores a Cuernavaca y estuvimos platicando cómo dar forma al proyecto. Buscaba un símbolo que motivara a los trabajadores y los ayudara a internalizar estos valores. A veces, cuando hablas de estos temas, la gente no atiende: como si vieras un bloque de texto en la página 4 de una publicación, lo lees una vez y nunca vuelves a pensar en ello. No emociona para nada a los trabajadores.

¿Por qué no tratar de hacerlo divertido? ¿Pero cómo? En un viaje encontré muchos paralelismos entre mis valores, la forma de pensamiento de la organización y los samuráis. El guerrero es un arquetipo poderoso y el samurái, una imagen simbólica que llama mucho la atención porque se les considera como unos de los mejores guerreros que han existido, temidos por sus enemigos y muy tenaces, pero también poseedores de una gran nobleza, gentileza, temperamento equilibrado y actitud de servicio. Además, eran practicantes de la meditación y el zen.

¿Por qué no convertir a nuestros trabajadores en guerreros? ¿Por qué no transformarlos en Simisamuráis? Comunicarles esta figura y llevarlos más allá de un simple empleo podía tener implicaciones muy poderosas. Y, además, es divertido. De niños nos encanta la idea del juego, de la adopción de personajes, de jugar a ser héroes, a ser como nuestros papás o mamás, abogados que luchan por la justicia, doctoras que descubren curas a enfermedades terribles, guerreros que salvan al desprotegido... Mantener vivo este juego en la adultez puede ser una gran fuente de motivación.

Al final, nos decidimos por dos ejes principales:

1. El liderazgo con el ejemplo
2. El reconocimiento mutuo

Ese mismo año, el modelo ya había entrado en práctica en las áreas a mi cargo. De nuevo: tu palabra lo es todo y esta debe ser acción. ¿Pero en qué consiste el modelo del Simisamurái?

La palabra «samurái» deriva de una variación del verbo «saburau», significa «servir», por lo tanto, los samuráis se definen como «los que sirven». No sólo servían a su señor, servían a su nación. Su honor surgía de ser útil para su sociedad y no se interpretaba el servicio como una imposición o una subyugación, era un propósito. Para alcanzarlo, se guiaban con el bushido, el «camino del guerrero», un código ético muy estricto por el que entregaban sus vidas. Se exigía lealtad y honor en todo lo que hacían y esto los convertía en guerreros temibles, además, de figuras respetadas y admiradas.

Quería transformar a mi equipo en algo más que empleados; volverlos guerreros que siguieran un código de honor (los valores y principios de nuestra empresa), para alcanzar nuestro propósito superior. Para ello, yo debía ser el ejemplo y el primero en servirles. Las cosas no podían quedarse en un discurso bonito y en símbolos orientales. Para que todo funcionara y tuviera sentido, desarrollamos un sistema en el que los valores y el esfuerzo son recompensados.

El modelo del Simisamurái se aplica en todas las empresas que conforman Grupo Por Un País Mejor. En el sistema de recompensas la gente de todo el grupo, sin importar en qué empresa estén, puede reconocer a otro compañero por cualquiera de los principios y características positivas que vea en él.

Nuestro bushido consta de seis principios:

1. Ser proactivo con intención de rifársela
2. Ser empático y humano
3. Tener visión y mente abierta
4. Perseverancia y coraje
5. Ser observador
6. Conocimiento y sentido común

Cuando un compañero ve a otro cumplir de manera ejemplar con estos principios, le dice, por ejemplo: «Te reconozco por demostrar perseverancia y coraje durante el desarrollo de la campaña para el producto X», y le entrega una estrella Simisamurái.

Esto también forma un sentido de comunidad, no ves a tus compañeros como una competencia, sino como colaboradores que te reconocen y a quienes reconoces. Además, se establecen metas de esfuerzo y al alcanzarlas recibes estrellas. Las metas se fijan por área: si estás en una farmacia, la meta se basa en cuánto vendes; si estás en laboratorio de producción, en cuántas piezas hace tu división.

Cada mes se premia por áreas o unidades a las personas que más estrellas Simisamurái obtienen. Y aunque estas son un símbolo, también son un contabilizador para la obtención de beneficios reales. Estos constan de incentivos para que el guerrero sepa que se valora su esfuerzo y su entrega, que se sienta motivado a seguir mejorando su labor y se comprometa cada vez más con nuestros valores.

Es un modelo de premiación que, a su vez, se suma al sistema de incentivos donde una persona que gana 10 000 pesos, con el cumplimiento de metas, cuando llega el fin de mes (cuando se realiza el conteo de estrellas), puede ganar hasta 200 % más, adicional al sueldo base. Las metas no son imposibles, no ponemos como objetivo curar la hambruna en el mundo para el jueves. No se trata de que el trabajador se esfuerce por algo que nunca va a alcanzar. Son metas justas, alcanzables y que manejamos por niveles alto, medio y bajo.

El secreto del sistema radica en que es prácticamente imposible no alcanzar el nivel bajo de incentivos. Con el esfuerzo mínimo (más allá de hacer bien tu trabajo) llegas al primer nivel. Esto tiene un efecto psicológico poderoso, porque sin tener que esclavizarte con horarios extenuantes o ritmos insostenibles, tu esfuerzo se ve recompensado de inmediato. Como sientes que fue sencillo lograr ese primer nivel de metas, también te sientes capaz de ir al siguiente. No lo consideras como algo imposible, entiendes que depende de ti ganar más.

Este impulso psicológico mejora la producción para la empresa y también el estado mental de las personas y, con el tiempo, adquieren seguridad en todas las áreas de su vida. Cuando identificamos a una persona que le cuesta un poco de trabajo adaptarse a sus labores, no la sancionamos, buscamos entenderla y ayudarla a superarse y mejorar, porque a veces lo único que necesitan es un pequeño impulso. Como líder, es mi deber ser el ejemplo y brindar servicio y apoyo a mis colaboradores.

Me gusta mucho la idea de que el éxito de uno sea el éxito de todos, pero es muy importante saber que no es personal. Cuando yo hago algo bien, esto debe favorecer a todos. Cuando al grupo de empresas le va bien, esto debe beneficiar a la sociedad. Si nuestro propósito es elevar el bienestar y la felicidad, debemos ser congruentes en todos los niveles. Además, esta idea de que todos ganemos se vuelve un círculo virtuoso. Ganar y ayudar se transforma en un elemento cíclico: porque auxiliamos, entonces avanzamos; y como avanzamos, tenemos la capacidad de apoyar más. Esto hace que pasemos de una simple compañía que vende productos a un movimiento con un impacto social que nos permita cumplir nuestro propósito.

El modelo del Simisamurái me parece sumamente divertido. Además, evita que la empresa llegue a ver a los trabajadores como un número («el empleado 23 184», por ejemplo), o que ellos mismos se sientan así. No fue muy complicado porque los trabajadores ya tenían un sentido de pertenencia, ya existía una cultura donde se les daba importancia y se sentían parte del movimiento. Pero había que darle un giro más a la tuerca, transformar la visión empresarial en pro del sentimiento de pertenencia y ponerle este toque divertido, congruente con la imagen del Dr. Simi.

También es cierto que el modelo se favorece de una realidad humana: cualquier persona quiere ser observada. Desde niños buscamos el reconocimiento de la familia (padres, hermanos, etc.), después de nuestros amigos y maestros; buscamos el reconocimiento social, formar una identidad con la que nos ubiquen y sobresalir en esa comunidad. Las condiciones no importan, así tengamos escaso o mucho dinero, pocos o muchos recursos, todos queremos el reconocimiento de quienes nos rodean.

Es importante enfocar esto, volverlo en algo positivo y no en una persecución sin sentido para satisfacer el ego. El sistema Simisamurái está construido de tal manera que antes de pensar en tu propio reconocimiento, te detengas a reconocer el esfuerzo y los principios de quienes te rodean. Después, hacerlo público durante las premiaciones y al hacerlo así, de forma sistemática, la influencia se esparce. Hoy se dan cientos de miles de estrellas samurái cada mes dentro de la organización, que se traducen en beneficios y recompensas para incentivar a nuestros colaboradores. Y al final del año, a la persona más reconocida a lo largo de los 12 meses se le otorga un premio aún mayor. Es una distinción que entrego personalmente.

Siempre hay que premiar a la gente que hace bien las cosas antes de pensar en amonestar a los que tienen dificultades. A veces, ni siquiera buscamos a la persona que más sabe, sino que contratamos a quien tiene la intención y las ganas, el hambre de conocer más, de mejorar y de atreverse. Al verse reconocida y apoyada, comienza una curva de aprendizaje y mejora. Al final del día, se traduce en resultados y satisfacción.

Para formar un sentimiento de comunidad (desde el primer momento en que comenzamos a aplicar el modelo Simisamurái), juntaba al equipo para recibir a los nuevos compañeros con un pastel de bienvenida. De entrada, eso ya es algo que no se ve (normalmente, entras a una empresa y ya, eres uno más y a lo mejor no sabes ni para quién trabajas y jamás lo conoces). Luego los presentaba a todos y les mostraba un video en el que se veían los principios Simisamurái y varias frases que ilustran la mentalidad con la que trabajamos. Les dedicaba unas palabras con esta idea: «A esto aspiramos; este es el modelo de liderazgo de nuestra organización. A partir de ahora, eres un Simisamurái. Bienvenido».

Todavía intento hacerlo, pero ahora tengo más responsabilidades y es complicado llevarlo a cabo con todos. Pero siempre que tengo la oportunidad, voy y me presento con un pastel para darle la bienvenida a nuestro nuevo guerrero o guerrera.

Hace muy poco ocurrió algo que ilustra a la perfección el éxito de este modelo y que me sorprendió mucho. Cuando el huracán Otis impactó en el puerto de Acapulco, el 25 de octubre de 2023, los primeros en responder, sin esperar una indicación de mi parte, fueron los integrantes de Fundación del Dr. Simi. En cuanto la tormenta cedió, salieron rumbo al puerto ese mismo día con ayuda humanitaria. Repartieron despensas, mantas, productos de higiene, botellas de agua y brindaron todo el apoyo que pudieron a los damnificados. Incluso antes de que el gobierno se movilizara, ellos ya estaban ahí. Cuando regresaron, llevaban días sin comer... pero estaban felices. Me dijeron: «Somos guerreros Simisamurái; nuestro propósito es servir y ayudar a la gente». Ante el desastre que se vivió aquel día, ellos fueron guerreros de luz. Al llegar a las oficinas, claro que fueron los más reconocidos y premiados. Hasta los recibimos tocando un gong. Otra vez el efecto divertido: cuando alguien hace algo extraordinario, llega el reconocimiento, se le premia con incentivos, nos reunimos, tocamos el gong y aplaudimos todos.

Hay un premio especial que doy para esfuerzos que van incluso más allá de lo extraordinario: un peluche Simisamurái. Es una edición especial limitada a doscientas unidades, no está a la venta y no se reparte, sólo te la puedes ganar cuando demuestras el máximo esfuerzo. A cada uno de estos guerreros que llevaron a cabo un acto heroico, armados con un propósito superior y con un anhelo genuino de servir, les entregué uno de estos peluches que simbolizan y resumen toda esta cultura de liderazgo ejemplar. Y ellos lo saben, entienden el simbolismo. Es curioso, pero más allá de los incentivos y de los aplausos, recibirlo fue para ellos la máxima distinción que pudieron obtener, porque era un símbolo de todo el esfuerzo y la lucha que llevaron a cabo entre los escombros que el huracán dejó a su paso.

El Dr. Simi es un símbolo divertido, por eso funciona, y es el personaje que representa los valores que manejamos. Cuando invitamos a la gente a ser un Simisamurái, la convocamos a convertirse en guerreros de luz, a brindar salud a su gente. Es algo muy diferente a sólo sentir afinidad con una empresa o una marca, se vuelve divertido y, a la vez, da sentido de pertenencia. No soy un empleado, soy un guerrero, los valores se tornan en algo que pueden poseer y también ser.

La flexibilidad también es fundamental. Si no tienes estos principios, tu primera meta debería ser aspirar a poseerlos o pulirlos. Todo mundo puede mejorar, todos seguimos aprendiendo todos los días, todos somos alumnos y de todos podemos aprender. Hay una frase de Leonardo da Vinci que me encanta: «Mediocre el alumno que no supera al maestro». Lo único que necesitamos es la curiosidad y las ganas de aprender. No me considero la persona más inteligente del cuarto, pero constantemente busco aprendizajes. Y si me rodeo de gente más capaz que yo, especialistas en su área, puedo seguir aprendiendo.

Para esto hace falta humildad, uno de los principios más importantes del Simisamurái. En Japón la gente se saluda con reverencias, una muestra de respeto al otro, y es curioso que entre más te inclinas (para demostrar más humildad), más fuerte y valiente se te considera. En una cultura como la nuestra, a veces, es al revés: creemos que el más bondadoso es débil, que la humildad es una falla y que siempre hay que mostrarnos fuertes, ser prepotentes, estar hasta arriba, que nos sirvan a nosotros, tener la silla más grande, el escritorio más ancho, el coche más lujoso, aprovecharnos de los demás antes de que se aprovechen de nosotros. Creemos que ser el que más atajos encuentra para el éxito es el que más se lo merece. En México, incluso, tenemos la frase *El que no transa no avanza*. Para mí, como para los japoneses y los samurái, es al contrario, la humildad es una fortaleza.

No creo que esto, de manera natural, forme parte de la cultura occidental, es algo que nos han inculcado quienes encabezaron a la sociedad durante mucho tiempo, tanto, que llegaron a sentirse cómodos en el poder y se olvidaron de los demás. Y vaya, quizá a ellos les funcionó para llegar al éxito, pero cometimos el error de aceptar que ese es el único modo. La paz mental, la satisfacción de un trabajo bien hecho y, sobre todo, la recompensa de ayudar a los demás (porque hacerlo es su propia recompensa) te llenan mucho más que el éxito vacío. En lugar de alcanzar la cima pisoteando a los demás y pensarte superior, es mejor extender la mano para que más gente suba.

Me resisto a pensar que seamos tan distintos a los japoneses porque somos un pueblo solidario y entregado. Los ejemplos más claros los hemos visto durante dos tragedias. Una, el terremoto de 1985: por la inacción del gobierno, la gente salió a las calles a levantar escombros, a socorrer a las víctimas, a brindar apoyo a los cuerpos de rescatistas. Otra, la volvimos a ver 32 años después, con el terremoto devastador de 2017. El mismo apoyo y arrojo. Había caravanas y caravanas de gente con despensas, cobijas y productos de higiene básica que se trasladaban a las zonas afectadas. Incluso hubo restaurantes en la Ciudad de México que se pusieron la camiseta del pueblo mexicano. Podían ser fonditas de la esquina con pérdidas económicas difíciles de absorber, pero igual regalaban su comida. Pasaron horas preparando platillo tras platillo, para mantener fuertes a quienes estaban levantando piedras y arriesgándose entre los escombros para ayudar, para salvar vidas. Quizá sólo sea cuestión de no esperar a las tragedias, de recordar que podemos tender la mano como sociedad en todo momento.

Dar un propósito a las personas, un porqué que trascienda la simple actividad, produce un sentido de pertenencia y una revaloración de la vida, genera lealtad y compromiso; el esfuerzo adquiere un nuevo valor y las tareas dejan de ser una obligación para hacerse por gusto. Cuando vas a empezar un proyecto de la índole que sea, debes tener claro tu propósito y, de hecho, es una exploración fundamental en la vida: si entiendes cuál es tu meta, llegarás más lejos porque sentirás un mayor compromiso con tu labor, una mayor motivación y te reconocerás útil. Sentirás que estás sirviendo en un sentido de apoyo, no de sometimiento.

No hay mejores o peores propósitos de vida, tal vez el tuyo sea hacer reír a la gente, excelente: inicia un pódcast de humor o dedícate al *standup*, genera contenido divertido, trabaja las redes sociales de una empresa que comparta tus valores y hazles material promocional que sirva para traer éxito al equipo que la conforma. Que tu éxito sea también suyo, que sirva para mejorar la vida de los demás. Así tendrás reconocimiento sano y satisfacción.

Robin Williams tenía ese objetivo, no sé si lo supo o no, pero era claro que su meta consistía en hacer reír a la gente. Esto no lo hizo blanco de burlas; por el contrario, fue uno de los actores más brillantes del cine e hizo época. Además, era amado por el público y marcó a cada persona con la que tuvo contacto. Esto lo logró gracias a una idea muy sencilla y a la vez muy valiosa: llevar alegría.

Sentir que contribuyes es mucho más poderoso que los bienes materiales, como el dinero, las casas o los coches; es una actitud que se contagia. Somos seres comunitarios, formamos sociedades de manera natural, de modo instintivo deseamos pertenecer a un grupo y una comunidad sana transmite el deseo de compartir conductas en el mismo tono para ser parte de ella.

La congruencia es un valor central en nuestra empresa, lo contrario crea una grieta en la armadura. Te hace vulnerable, debilita tu discurso y pone en duda tu actuar. Si no soy el ejemplo vivo de lo que estoy predicando, ¿cómo puedo esperar que la gente crea en lo que digo y me siga? Liderar con el ejemplo se vuelve exponencial: más miembros del equipo verán a quienes comenzaron y se sentirán inspirados a seguirme a mí y a ellos.

Mi anhelo es que este tipo de liderazgo crezca más allá de los muros de nuestro grupo de empresas. Que otros directores ejecutivos, otros CEO, otras compañías de esta industria o de cualquier otra, *influencers*, trabajadores, políticos, padres de familia, etc., se sientan inspirados por vivir así, con empatía, predicando con los hechos; que se inspiren a llevar a cabo sus propias acciones para ser ellos mismos un ejemplo, y que más gente se una. Ese es mi mayor anhelo. Si se logra o no, eso ya está más allá de mi control; pero al menos tengo la tranquilidad de saber que inspiré y ayudé a quienes pude.

Otro de nuestros principios es la perseverancia y el coraje. Conocemos el valor del fracaso, y encontramos lo positivo en lo negativo. Mi primera empresa fracasó, no siempre he tenido aciertos, ni en lo profesional ni en lo personal. Thomas Alva Edison decía: «No fracasé, sólo encontré 10 000 maneras que no funcionan». Como tal, el fracaso no es malo, de todo puedes aprender.

Este aprendizaje no es exclusivo de nosotros. Se da, por ejemplo, en la Universidad de Stanford, en Palo Alto, California. Cuando llegas a esta universidad, tu introducción trata de un juego que debes resolver en un tiempo limitado. Hasta hoy nadie lo ha logrado porque no tiene solución. Una vez que tu tiempo se acaba y pierdes, el aplicador del ejercicio te aplaude y te dice: «Felicidades, fracasaste. Aquí premiamos el fracaso». Y es porque lo primero que debes hacer en la vida es aprender a hacer mal las cosas, a corregirlas, a entender por qué la forma en que lo estabas intentando no funciona, e innovar para alcanzar tu objetivo.

En México, la gente le tiene pavor a fracasar porque las consecuencias son desproporcionadas: si cometes sólo un error en el trabajo, te pueden despedir; si repruebas materias en la escuela, tus papás te castigan, y realmente nunca hacemos este ejercicio de explorar qué salió mal, por qué ocurrió, cómo puedo corregirlo e intentar algo nuevo. Y este miedo al fracaso hace que la gente se paralice, que ni siquiera se arriesgue y jamás lo intente.

Pero el fracaso de una idea se puede transformar en otra que funcione con una ruta distinta. Puede que tengas una propueta que al principio no sirve. Entonces cambias dos o tres elementos y se convierte en otra que… también fracasa. Pero esta vez ha tardado más en fallar. Es este proceso el que se vuelve útil y te guía al éxito. Por ejemplo: SpaceX se fundó en 2002 y hasta 2015 logró el primer aterrizaje exitoso de su cohete reusable. Apenas, en 2020, consiguieron su primera misión a la Estación Espacial Internacional; pero hoy, la Spaceship sigue explotando en las pruebas. Imagínate si tras el estallido del primer cohete todo el equipo hubiera renunciado, y Musk cancelado todo el proyecto sin volver a intentar nada relacionado con la tecnología espacial.

El fracaso no es el fin del mundo, es una enseñanza más. Tenemos que fomentar una cultura de intentar, de rifártela y arriesgarte. Hay una frase que se repite varias veces a lo largo de la primera película de *Batman: El caballero de la noche*, del director Christopher Nolan (y que mucha gente pasa por alto): «¿Por qué nos caemos? Porque así aprendemos a levantarnos». Esto se resume en dos de los principios Simisamurái: la perseverancia y la proactividad. No tener miedo a opinar, a proponer, a la crítica.

Sin esta apertura de arriesgarnos a levantar la voz para compartir nuestras ideas y escuchar las de otros, la innovación se estanca, y si esto se vuelve cultural, puede ser muy perjudicial para un país. La innovación no sale sólo del líder, todos los días surgen grandes ideas, y no todas vienen de arriba. La responsabilidad del líder es reconocerlas y buscar la manera de ejecutarlas para volverlas realidad.

Cuando a Arnold Schwarzenegger le preguntaron cómo era ser un hombre que se había formado a sí mismo, él respondió que eso no era verdad porque, primero, lo hicieron sus padres por apoyarlo siempre. Después, sus entrenadores que le enseñaron constancia y perseverancia, al igual que quienes le dieron la oportunidad de participar en grandes certámenes de fisicoculturismo, los directores que le vieron potencial como símbolo del cine, y la gente que escuchó sus ideas cuando entró a la política.

El viaje no lo hace el individuo. Por ejemplo, aunque mi papá siempre ha sido firme en no regalarme nada profesionalmente, me siguió apoyando aun cuando ya tenía la capacidad de salir adelante por mi cuenta. La familia es uno de nuestros primeros soportes y se mantiene a lo largo de la vida, aunque a veces pensemos que por ser independientes ya no la necesitamos. Y en el terreno laboral, dependemos de un gran entorno: proveedores, vendedores, equipo de trabajo inmediato y clientes.

Esa es la cultura que tenemos en Farmacias Similares, que fomenta la apertura, donde todas las ideas son bienvenidas. Y si fracasamos, entonces las pulimos, mejoramos y transformamos. Es decir, lo intentamos. Una de las formas en que podemos llevar esto a cabo es como me ocurrió con el modelo CEPIP: comenzar a escala pequeña con un ensayo piloto, realizar pruebas, detectar los errores y los aciertos, corregir lo necesario, y cuando el éxito comience a llegar, aumentar la escala por etapas para seguir observando el alcance de la idea. También aplicamos este principio a las labores sociales.

El problema de muchas organizaciones grandes es que tienen mucha burocracia. Entonces, intentar algo nuevo puede tardar meses o hasta años, incluso a una escala pequeña. Nosotros buscamos ejecutar una idea en cuanto se presente. Para ello, hemos tenido que desplegar una gran capacidad de reacción y de flexibilidad en los procesos. Esta es una de las mayores habilidades desarrolladas con este nuevo modelo de liderazgo, es lo que nos hace diferentes.

Por ejemplo, el proyecto de las Colonias Simi surgió de algo muy sencillo: cuando voy a alguna reunión o evento suelo poner atención en el camino. En uno de esos recorridos, me llamó la atención un cerro con casas grises. Más allá de pensar en que así es y punto, o que no se han pintado por desinterés, lo veo como un síntoma de escasez de recursos y falta de solidaridad.

¿Qué pasaría si brindáramos apoyo a esa zona y pintáramos las casas con un ánimo divertido para la gente? ¿Y si plasmáramos un Simi gigante para llamar la atención sobre esta realidad de precariedad que necesita ser atendida? Lejos de sólo pensarlo e imaginarlo, en ese momento tomé el teléfono y hablé con una de mis comandantes para iniciar este proyecto: «Lo hacemos», respondió.

Al día siguiente, la directora de la fundación tenía identificada la comunidad; tres días después, estaban desarrollando el proyecto y seis meses más tarde, la colonia estaba lista. Tenemos una comunidad de guerreros que confían, que creen en sí mismos y en la labor que desempeñan, y esta seguridad los hace capaces de ejecutar de forma asertiva. Se vuelven líderes también. Además, cuando la gente se da cuenta de que quieres ayudar sin otro motivo más que apoyar, que no les vas a pedir nada a cambio, es cuando estos valores funcionan. Sin pensarlo, sin quererlo, se te regresa el bienestar. Porque ganamos, ayudamos y porque ayudamos, ganamos.

Estos apoyos no son sólo hacia afuera. Tiene que haber congruencia; no podemos beneficiar hacia afuera y descuidar lo interno. Para nuestros colaboradores tenemos programas de *biohacking*: acceso a ejercicio, a prácticas de meditación, a nutriólogos, doctores, asesorías y acompañamientos de salud integral para que ellos estén protegidos, atendidos por su comunidad. Esto los hace querer devolver algo a su comunidad y a otras personas.

Debo ser coherente con mi discurso y lógico con quienes nos asociamos y comparten nuestros valores. Por eso, nos hemos vinculado con empresas como CINIA, la cual ya fomentaba una cultura de inclusión, y es la encargada de fabricar los peluches del Dr. Simi, así como otros insumos de nuestro grupo.

Con las fundaciones Best, Dr. Simi y SíMiPlaneta trabajamos con más de 1 100 instituciones de todo el país, en una red de alianzas entre entidades. Y de nuevo, predicar con ejemplo genuino y honesto da resultados. Son cada vez más las empresas y asociaciones que reconocen nuestra labor y buscan sumarse o que entienden la importancia del activismo social en sus industrias y entornos, y comienzan a aplicarlo. Espero de todo corazón que ellas mismas sean ejemplo que hagan crecer exponencialmente esta cultura del servicio con el propósito superior de ayudar. Muchas personas piensan en la ayuda como un medio para conseguir algo a cambio, pero es una frecuencia energética de abundancia, y cuando lo haces, sin buscarlo, la ayuda se te regresa.

En febrero de 2024, don Víctor González Dr. Simi recibió la condecoración como Caballero de Gran Cruz de la Orden Ecuestre San Gregorio Magno (una de las cinco órdenes de caballería de la Santa Sede), el único reconocimiento que otorga directamente el Papa. Digamos que esta condecoración lo reafirmó como un guerrero.

De la misma manera, como parte de estas sincronicidades, cuatro meses después la Sagrada y Militar Orden Constantiniana de San Jorge me hizo el honor de investirme como Caballero de Mérito, por la ayuda que hemos otorgado a los más desfavorecidos, no sólo de México, sino en países como Chile y Colombia.

La Sagrada y Militar Orden Constantiniana de San Jorge fue creada por Constantino el Grande, en el año 312 después de Cristo, reconocido por ser el emperador que hizo del cristianismo la religión principal de Roma.

Esta orden se distingue por su manto de terciopelo celeste y es un honor, porque originalmente la orden seleccionó a 50 caballeros, entre los cuales se encontraban algunas de las figuras más ilustres de la historia medieval y renacentista.

De hecho, durante mi visita en Roma pude saber que previo a una batalla, Constantino y sus fuerzas vieron una cruz de luz en el cielo, junto con la frase en griego: *En Hoc Signo Vinces* («Con este signo vencerás»). El emperador marcó el símbolo de la cruz en el escudo de los soldados y, al triunfar, atribuyó su victoria al dios de los cristianos.

Entre los primeros caballeros de la Orden Constantiniana de San Jorge destacan personajes como el rey Ricardo I de Inglaterra, llamado «Corazón de León», y a través de los siglos, esta ha mantenido su relevancia por su contribución a causas de caridad y a impulsar acciones asistenciales, humanitarias o culturales.

Es un honor que reafirma el compromiso de nuestra organización con la ayuda a los vulnerables y que, en lo personal, me lleva a coincidir con mi papá cuando afirma: «El que aprende a dar, al dar es muy feliz».

CLAVES SIMISAMURÁI

- Busca que tú y tu equipo tengan capacidad de reacción y flexibilidad para no ahogar las ideas.
- Aprende a observar tu entorno para que reconozcas áreas de mejora y cómo lograr mayores resultados al atender temas que no parecen estar relacionados.
- Alégrate de fracasar, te aseguro que es una enseñanza.
- Usa modelos de prueba para revisar si la idea inicial va por buen camino o se debe replantear, pero no la deseches a la primera.
- Si te rodeas de gente más capaz que tú, seguirás aprendiendo.
- Busca la manera de impulsar valores de bien común en cada proyecto.
- Recuerda que te formaste con la ayuda de la gente que te rodea.
- Si tú ganas, todo el equipo debe ganar contigo.

3

Hablar haciendo

Las grandes ideas y los grandes cambios pueden venir de cualquier lado; también, surgir en cualquier momento. Incluso pueden nacer como una respuesta positiva ante una situación negativa. Creo en la transformación porque la he visto suceder. Fui testigo del surgimiento de una gran idea que ha beneficiado a miles, un catalizador de transformación positiva y de unidad.

Desde pequeño he gozado de muchos privilegios por los que estoy muy agradecido. He tenido muchas bendiciones en mi vida y, gracias al trabajo de mi familia, he disfrutado de muchas experiencias gratificantes. De pequeño, viajaba mucho con mi papá y mis hermanas; solíamos irnos de vacaciones a todos lados para disfrutar en familia. En uno de esos viajes visitamos Acapulco, uno de los centros turísticos más bellos del país. Fue ahí donde se plantó la semilla de una idea que lo cambió todo, con un evento chiquito.

Mientras estábamos en Acapulco, a mi papá le dio gripe. No era nada grave, un simple resfriado, pero todos sabemos lo fastidiosos que pueden ser los síntomas. Estábamos pasándolo muy bien y él no quería alejarse de nosotros. Alguien de su equipo le trajo el medicamento y al preguntarle el costo para pagarle, le resultó carísimo. Esta situación pudo quedarse ahí, como un resfriado y una queja más. Pero al revisar el medicamento se dio cuenta de que el fármaco era ambroxol, uno de los productos que el laboratorio familiar hacía. Entonces, decidió llamar a Laboratorios Best y preguntar cuánto costaba su producción. Como ya he mencionado, él es de actuar al momento.

Con esa llamada, y luego de hacer cálculos, determinó que la empresa que vendía al público un producto con el mismo compuesto que él fabricaba estaba ganando una bestialidad: cerca de 600 %

de utilidad, seis veces más de lo que costaba hacerlo. Más que pensar en el enorme negocio que eso significaba, se imaginó el impacto que debía tener en la gente. Si a él, que contaba con recursos, se le hizo caro, ¿cuántas personas que no tenían dinero se quedaban sin la posibilidad de comprar medicamentos, aunque se tratara de algo tan sencillo como un jarabe para la tos?

La idea de los genéricos no nació con Farmacias Similares. Es algo que la gente no sabía y aún ahora no es tan difundido. Antes de las farmacias, don Víctor González Dr. Simi dirigía Laboratorios Best, que se dedicaba a la producción de medicamentos genéricos, para venderlos al gobierno y distribuirlos en los servicios de salud pública, como el Instituto Mexicano del Seguro Social (IMSS) y el Instituto de Seguridad y Servicios Sociales de los Trabajadores del Estado (ISSSTE). Pero no había venta de productos genéricos directamente al público en farmacias privadas. En ellas no se podían encontrar los genéricos, sólo los de patente o de marca. Y eso causaba que México tuviera, en promedio, el medicamento más caro de América Latina, con un costo alrededor de 7.4 dólares.

Además, la mayoría de la gente no tenía acceso al IMSS. Alrededor de 59 % de la población no contaba con seguridad social y de los pocos con esa prestación, sólo 18 % de las personas encontraba el medicamento que necesitaba. Faltaban medicinas en el sector público, un problema bastante grande porque la mayoría de los mexicanos en esa época era de escasos recursos (situación que persiste, por cierto). Quienes no contaban con seguridad social tenían que acudir a las farmacias privadas, donde el medicamento era carísimo. Esta falta de acceso significaba buscar opciones menos efectivas, como los remedios caseros o los tés. Para algunos, la situación era tan grave que no les quedaba más opción que recurrir a la fe.

Esto fue lo que dio origen a la idea de abrir el mercado de genéricos directamente al público, una oportunidad que mi papá quiso aprovechar para poner en práctica un modelo de negocios de tipo social que traía en mente, por lo menos 20 años atrás. Él pensó que si ya fabricaba el medicamento en el laboratorio familiar —en este caso, el ambroxol—, quizá podría venderlo en su propia farmacia a un precio mucho más barato. Ganar dinero con ello, sí, pero sin los márgenes enormes que la industria trasnacional obtenía en aquel entonces. Esto, a su vez, le permitiría dar acceso a la salud a las personas con dificultades para pagar un producto de patente.

«¿Qué pasaría si hago una cadena de farmacias?», fue la pregunta con la que se inició todo. Estuve en una de las conversaciones donde comenzó a tomar forma la idea, y fue muy sencilla, sin tantas complicaciones ni análisis. Mi papá quería enfrentar el problema y hacerlo al momento. Recuerdo que su intención, de manera genuina, era ayudar. Su empatía con la gente lo llevaba a pensar en todos los que hacían sacrificios sólo para pagar un medicamento, en el impacto enorme que eso representaba en su economía y en las consecuencias de esos gastos exagerados. Y así como tomó el teléfono y llamó en el mismo momento en que vio el precio del jarabe en Acapulco, en cuanto se le ocurrió la idea de la farmacia, la ejecutó.

Durante una reunión familiar en casa de mi abuela, mi papá contó su plan y todos le dijeron que estaba loco, que se iba a quedar pobre, que era demasiado riesgo. Él se reía porque según su propia convicción, los retos no son razón para el desánimo, sino una motivación. Siempre iba en contra de la tendencia y, a pesar de las críticas y las advertencias, decidió seguir su instinto. Así nació el proyecto de la farmacia austera, sólo con la intención de ayudar a la gente… y nada más con un teléfono.

Al principio, ¡claro que no fue fácil!, porque Laboratorios Best no tenía el catálogo que una farmacia necesita. Se empezó casi como una simulación. Dentro del mismo almacén de los laboratorios puso un teléfono que después hizo público en varios lugares, diciendo que aceptaba pedidos como si fuera una farmacia. Hubo personas que llamaron y de este modo se convenció de que el proyecto tenía potencial y podía funcionar si se ejecutaba bien. El primer día fue el peor de todos: a lo mucho vendió dos o tres piezas, pero a fin de cuentas fue sólo el primer día, y no paró. Poco a poco amplió la oferta en el Centro de Distribución de los laboratorios. Anotaba qué era lo que la gente buscaba para comenzar a agregarlo a la producción, y así el proyecto empezó a crecer, de poco a poco.

Aunque tenía la meta de buscar que la salud llegara a más gente, también es cierto que estaba lanzando un negocio con el que se enfrentaría a los gigantes de la industria. Quizá empezar de forma tan peculiar jugó a su favor al principio, porque la competencia lo veía como algo tan pequeño que no lo tomaron en serio, no lo sintieron como una amenaza y descartaron que prosperaría. Gracias a esto pudo fortalecer su negocio y se fue metiendo en la industria, como la humedad en un muro. Cuando se dieron cuenta de su potencial, el proyecto ya era tan grande que no lo pudieron parar, aunque igual lo intentaron.

Al inicio, hubo una campaña de desprestigio en la que se hablaba de los riesgos de los genéricos y se cuestionaba su efectividad o su seguridad. Pero esto no podía ser cierto porque los productos genéricos ya se utilizaban: cuando la gente iba al Seguro Social, los recibía. Siempre lo han hecho, hasta la fecha es lo que da; sin embargo, la gente no lo sabe, no es algo que se oculte pero tampoco que se divulgue. El sector salud necesita comprar medicamentos genéricos porque adquirir los de patente resulta muy caro. Eso impactaría en el presupuesto que el gobierno destina a la salud y, como resultado, se tendría una mayor dificultad en la atención a los derechohabientes.

Siempre nos han curado con genéricos. El genérico es algo conocido y utilizado. En Europa y Estados Unidos se usan. Como siempre, a México llega tarde la información y por mucho tiempo no estuvimos al tanto de lo que es un genérico. Para enfrentar este problema, pensando siempre en hacer sencillo lo complicado, comienza el nombre de *similar*. Si la gente se pregunta qué es un genérico, la respuesta más sencilla es: un medicamento similar a los de patente o de marca, en todos los sentidos.

Entonces, toda esta idea de *similares* fue una campaña genial para dar a conocer algo complejo de manera sencilla. Hay un enorme valor en volver simple lo complicado, demuestra que entiendes una idea para transmitirla. Cuando conoces un concepto y lo reduces a su forma más simple, lo haces entendible para todos. Es algo que mi papá sabe a la perfección y que nos enseñó, tanto a la gente que lo rodea como a mí. Es algo que también viene del vínculo tan estrecho que tuvo con su nana, una mujer que le explicaba las cosas de manera fácil de comprender. Todos tienen una forma diferente de ver la vida y entender las cosas, pero las ideas claras, sin rollo, son asimiladas por todos. De este principio surge tanto el nombre de la empresa, Farmacias Similares, como su eslogan: «Lo mismo pero más barato». Simple.

Desde luego, no sólo es un lema. Por seguridad para la gente, debemos cerciorarnos de que, efectivamente, nuestros productos son lo mismo. ¿Cómo sabemos que los genéricos son seguros? De entrada, porque se han utilizado desde siempre. Pero buscando frenar este modelo de negocio, se realizaron ciertos movimientos en la industria. Entonces no existía el término *bioequivalente*; este se desarrolló en diversas instituciones sanitarias porque, cuando la industria se dio cuenta de la tendencia al consumo de los genéricos, se le ocurrió que era necesario agregar un paso más a la regulación. Antes no existían los estudios de bioequivalencia y, aunque son un certificado más de seguridad, no fue el único motivo por el que se desarrollaron.

La Secretaría de Salud determinó que debían realizarse estudios de bioequivalencia para asegurar que un genérico es exactamente igual al producto líder del mercado con el que se desarrolló la fórmula. Estos estudios deben demostrar que el genérico se absorbe exactamente igual en el organismo y es igual de seguro. Tienen un costo (se paga a alguien autorizado por el gobierno para llevarlos a cabo, duran alrededor de seis meses) y se realizan en un grupo de más o menos 40 personas con características determinadas.

Cuando se demuestra el mismo nivel de absorción y se confirma igual nivel de seguridad, la Comisión Federal para la Protección contra Riesgos Sanitarios (Cofepris) otorga el registro. De hecho, hay veces en que el genérico se absorbe más rápido y esta prueba no es válida. Es decir, en ocasiones el genérico es mejor, pero no es posible obtener la autorización de este modo; debe ser exactamente igual. Es un estudio que debe realizarse en cada uno de los productos genéricos y cuesta poco más de un millón de pesos. Imagina realizar estudios para mil moléculas a un millón de pesos por estudio. Es un dineral. Justo pensaron que el presupuesto necesario para estas pruebas haría imposible que Farmacias Similares pudiera continuar, quebraría, sería mucho dinero, mucho proceso, mucho tiempo. A mi papá le hizo eco la advertencia en casa de la abuela: «Te vas a quedar sin un quinto». Pero no se echó para atrás.

Incluso hubo laboratorios que en algún momento decidieron hacer sus propias pruebas a varios productos para frenar el ascenso de los genéricos; todos las pasaron. Ninguno de estos obstáculos pudo detener el proyecto. Gracias a la determinación y persistencia de Víctor González Dr. Simi, y al estar seguro de que podía hacer una diferencia positiva en la vida de las personas, no se dejó vencer. Tenía un propósito superior. Al no conocer su determinación, los competidores creían que lo detendrían con diversas trabas, pero en realidad lo estaban motivando a seguir adelante y fortalecer el negocio para librar todos estos obstáculos. A fin de cuentas tenía una meta que iba más allá de hacer negocios: que más gente tuviera acceso a la salud.

Esta parte de la historia tiene un final feliz, que no es tan final, pero sí es muy feliz. Creo en el cambio, en la transformación y sé que es posible porque lo he visto. Con el tiempo las cosas cambiaron y tuvimos un primer momento de transformación en la industria que nos demostró la posibilidad de renovar conciencias y sanar dinámicas, nos demostró que pensar en el bienestar social es siempre el mejor camino. Luego de toda esta tensión inicial y competencia tan férrea, cuando la industria se dio cuenta de nuestro crecimiento y fueron testigos de la labor social que se alimentaba del éxito de las farmacias, cambiaron poco a poco su percepción y su actitud hacia nuestro modelo.

Hoy forjamos alianzas con empresas que en el pasado fueron duros competidores. Ver la determinación de Farmacias Similares por ofrecer productos de calidad a los que accedieran tantas personas como fuera posible, les hizo querer ser partícipes de este movimiento. Muchos se volvieron proveedores, y con otros estrecharon acuerdos para llevar a cabo programas sociales. Nos beneficiamos mutuamente y esto también resulta benéfico para la sociedad. A fin de cuentas, pudimos ver más allá de la competencia y juntos nos dimos cuenta de que teníamos objetivos semejantes y podíamos compartir valores.

Ahora que la industria ha cambiado, que antiguos rivales se convirtieron en aliados leales y que, con el surgimiento de nuevas compañías dedicadas a los productos genéricos, es necesario adaptarse a una nueva competencia más sana, ¿cómo conservamos la distinción?, ¿cómo nos mantenemos como el referente del rubro? Sencillo: nadie tiene al Dr. Simi. Nadie tiene farmacias que sean divertidas, nadie tiene un lugar donde se rompan esquemas. La lógica típica de una farmacia es que llegas enfermo en busca de un remedio, aturdido por la enfermedad, te despachan y listo.

En Farmacias Similares llegas y, de entrada, te encuentras con un símbolo mexicano que baila, te cambia la energía en el momento y te alegra el día; ya es un plus. A eso se le suma que nuestros vendedores brindan un excelente servicio porque cuentan con mejor capacitación, con una excelente actitud, debido a todo el apoyo interno que reciben con incentivos y premios. No son despachadores, son parte de un equipo dedicado a un propósito, son guerreros Simisamurái. Y no cuesta trabajo encontrarnos, estamos prácticamente en cada esquina. Nadie más tiene 9 500 puntos de venta. Pero sobre todo, tenemos los mejores precios del mercado y la gente entiende que los medicamentos genéricos no son de menor calidad.

De hecho, hicimos una encuesta y la mayoría de nuestros clientes perciben que nuestros productos tienen la misma calidad, o que incluso son mejores. Esto se consigue porque somos la única cadena de farmacias con un departamento de control de calidad. Entender que no sirves a números, sino a personas, es fundamental en todo negocio.

La transformación de la industria también nos permitió tener mayor libertad para alcanzar objetivos que superaban lo comercial. Esto fue clave para marcar una ruta clara: la cooperación es fundamental. La competencia es esencial, pero debe ser sana porque no somos enemigos, sólo competidores. Entender que estos enfrentamientos son artificiales y que la colaboración rinde frutos para todos ha ayudado a que todas las partes establezcan nuevas metas que van más allá de la ganancia económica.

La industria farmacéutica cada vez tiene más claro que los medicamentos genéricos son el futuro en México y la cooperación en este sector brindará mejores resultados, no sólo a las empresas que se dedican a ello, sino para la población que necesita de los medicamentos a bajo costo.

Todo cambia. Quienes alguna vez compitieron contigo, se vuelven tu apoyo. La competencia benefició a la industria con mejores controles de calidad para los compradores, nos vimos obligados a desarrollar todos los procesos que aseguraran la calidad, eficacia y seguridad de nuestros productos. Pero la confrontación no era útil para todos, la dinámica debía cambiar, debía sanar. Ahora, gracias a estas alianzas, contamos con ayuda para desarrollar productos genéricos especializados a partir de los producidos por laboratorios con los que alguna vez rivalizamos.

Esta noción de transformar de manera positiva la realidad social se refleja en nuestras distintas fundaciones. Tal como ocurrió con mi camino y el de mi papá, el de nuestra labor altruista no comenzó en Farmacias Similares. Tiene antecedentes.

El primero de ellos Fundación Best, que comenzó labores en 1994. Con la construcción de consultorios médicos ofrecen atención sin importar condición social, económica o cultural. En la actualidad, más de 15 000 médicos brindan sus servicios y cada mes se dan, en promedio, cerca de 12 millones de consultas. Por medio de esta fundación se creó, en 1995, el modelo de la Red Unidos para Ayudar, cuya base es fomentar el apoyo entre instituciones benéficas e intercambiar experiencias para mejorar sus diferentes proyectos.

Asimismo, a iniciativa de Víctor González Dr. Simi, se creó el Movimiento Nacional Anticorrupción, con el objetivo de brindar asesoría legal y defender a personas con problemas, debido a vicios en el sistema judicial, y sin los medios económicos con qué pagar los servicios legales. Y, claro, como su nombre lo indica, el movimiento tenía como primera base señalar la corrupción en diferentes sectores de la sociedad.

A partir de estos antecedentes, y ya creada Farmacias Similares, surge Fundación del Dr. Simi, en 2007, con cuatro ejes de acción: salud, alimentación, educación y deporte. Hoy tiene ocho planes de apoyos sociales, entre los que destaca la ayuda con medicamentos, alimento, despensas y brigadas médicas a más de 40 000 familias de colonias marginadas en todo el país. También cuenta con un plan de respuesta ante desastres naturales, ya que México está situado sobre una falla sísmica y en una zona de huracanes; además, pese a la ironía de las sequías de los últimos años, varias zonas del país sufren graves inundaciones en temporada de lluvias. Cada vez que ocurre uno de estos desastres, la fundación lleva hasta las comunidades afectadas los apoyos necesarios, como víveres, atención médica, etcétera.

Otra de las iniciativas de Víctor González Dr. Simi es el Simi-Plan de Ayuda a Personas con Discapacidad (SimiPADi). Como él mismo tuvo un desarrollo complicado desde su nacimiento, conoce de primera mano las dificultades que enfrenta la gente con alguna discapacidad, y resultó natural iniciar un proyecto con el objetivo de ayudar a este sector. Se basa en el modelo de la Red Unidos para Ayudar, brinda apoyos a instituciones que trabajan en favor de personas con esta condición. En una primera etapa, este proyecto brinda asistencia a instituciones en México y Chile, con especial énfasis en los que menos tienen. Es una labor importantísima porque, en México, 4.9 % de la población (cerca de siete millones de personas) tienen alguna discapacidad.

También contamos con el Centro Simi de Salud Emocional (SIMISAE), una línea de ayuda gratuita con más de 163 psicólogos. Aquí se reciben 140 000 llamadas al mes de gente que necesita apoyo emocional y ayuda psicológica. Gracias a este modelo de atención hemos logrado ayudar a personas en estado de crisis; de hecho, nuestros registros hablan de 8 000 llamadas donde se atendieron intentos de suicidio.

Asimismo, para brindar ayuda con seguimiento contamos con el Apoyo Psicológico y Salud Emocional (SIMIAPSE), que a finales de junio de 2024, contaba con 34 consultorios físicos y 8 salas de bienestar, donde se brinda atención gratuita.

Cuando tomé las riendas de Farmacias Similares, las fundaciones ya existían, igual que el objetivo de apoyar a la sociedad, porque la labor altruista siempre ha formado parte integral de nuestras empresas y también de mi formación personal. Es algo que nos define desde el principio. Ahora la meta es incrementar las redes de instituciones con las que podemos ofrecer más ayuda. Existe una relación inseparable entre nuestro modelo de negocio y nuestra vocación altruista.

Los recursos para estos proyectos surgen del funcionamiento de Farmacias Similares, pero buscamos que cada proyecto se sostenga a sí mismo. Las fundaciones cuentan con delegados estatales, que dan a conocer los programas, realizan sondeos a fin de conocer las áreas de oportunidad para el desarrollo de las acciones, así como la búsqueda de participantes; ellos conforman el equipo interno que trabaja en la fundación. No sólo se trata de voluntarios, la gente que participa en ella es parte integral de nuestras empresas, con los beneficios como colaboradores.

Pero también entendemos que la gente quiere apoyar desde donde se encuentra, que es necesaria una combinación de diferentes esfuerzos, y podemos aprovechar esas ganas de rifársela de la gente para mantener vivo este círculo virtuoso.

Precisamente, la idea es que más gente se sume a los esfuerzos por conseguir un país mejor y, de hecho, hay una iniciativa que si bien ya existía, decidí encauzarla y englobar nuestros principios sobre el desarrollo de la salud integral, marketing social y labores altruistas. Me refiero a las Simicarreras con causa.

En el ahora lejano 2007, nuestra empresa organizaba anualmente cinco competencias de atletismo en diferentes ciudades del país: Ciudad de México, Guadalajara, Monterrey y Puebla. Como todo en nuestro grupo, empezó con un número pequeño de participantes, pero entonces decidí invitar a la gente, en este caso a los amantes del atletismo, a sumarse a una causa ambiental. Les dijimos: tu inscripción se donará íntegramente al rescate de algún ecosistema. Así hicimos valer nuestro compromiso de manera divertida.

La respuesta ha sido increíble y para 2024 las Simicarreras convocan a más de 20 000 corredores. La inscripción tiene un costo entre 200 y 300 pesos, y todo el dinero se dona a una causa que se define desde la organización de la competencia.

La gente sabe a qué proyecto se destinan los recursos. Además, a todo lo recaudado por inscripciones, nosotros lo duplicamos: si se junta un millón de pesos, nosotros ponemos un millón más. Esto motiva a seguir participando, la gente se da cuenta de que es algo honesto. No se trata de decir «dennos el dinero para hacerlo», sino que los estamos invitando a sumarse y a participar en conjunto en un proyecto que ya tiene sustento; ello les permite conocer las labores que realizamos para crear conciencia respecto de estas problemáticas.

Es una actividad que me parece muy divertida porque, de esta manera, también hacemos partícipe al público de esta transformación social de un modo entretenido: corres y ayudas. Aparte de todo, la iniciativa es congruente con nuestros principios: hasta las playeras conmemorativas que entregamos como parte del kit para corredores están hechas con PET reciclado. Por supuesto, este tipo de actividades nos ayudan a posicionar la marca, pero siempre con causa. No sólo son ideas llamativas sin sustancia; es un marketing social con la finalidad de llamar la atención mediante buenas acciones para alimentar este ciclo en el que porque ayudamos ganamos, y como ganamos, podemos ayudar más. Todos se benefician, y si gana uno, ganamos todos.

En los momentos más difíciles es cuando más se necesita del esfuerzo en conjunto, por ello, pese a la tragedia de la pandemia, realizamos Simicarreras virtuales porque el objetivo fue continuar ayudando.

Los participantes no se reunían en un mismo espacio, sino que cada uno elegía un área en la que pudiera acumular distancias a lo largo de varios días (en el kit se incluía un cubrebocas para mayor seguridad de los corredores). Aun en esta crisis mundial, la gente demostró un enorme compromiso que nos sirve de ejemplo e inspiración.

Incluso desde antes, hubo un momento difícil que nos demostró la importancia de apoyar y lo útil de acciones como esta: el sismo del 19 de septiembre de 2017. Este hecho tan traumático golpeó a cientos de personas en la zona centro del país y también nos afectó directamente. Todo estaba paralizado, era difícil saber hacia dónde moverte, dónde ayudar. Al momento del sismo, estaba en las oficinas de Grupo Por Un País Mejor con mis colaboradores; lo sufrimos de primera mano, y evidentemente el paso inicial fue asegurarnos de que nuestro equipo estuviera bien, determinar quién y qué tipo de ayuda se necesitaba y, una vez que estábamos al tanto de nuestra propia situación, comenzar a actuar. Tanto la fundación como los directivos y todos los trabajadores buscaron la manera de apoyar a una sociedad que se encontraba en *shock*.

Me tocó entregar en mano cajas de despensas y otros apoyos. Acudimos a Morelos (donde tengo un vínculo enorme, porque es donde crecí); fue como regresar a los tiempos en los que salía con mi papá a entregar despensas y juguetes, pero esta vez el compromiso era mayor porque la tragedia acentuaba problemáticas que ya existían. Los recursos de las Simicarreras de 2018 se destinaron a construir casas para los damnificados en Xochimilco, una de las zonas más afectadas por el sismo. Era la necesidad primordial y una de las más difíciles de cubrir en una tragedia de tal magnitud.

Nuestra infraestructura también se vio golpeada. Tuvimos que realizar brigadas para asegurar que la estructura de farmacias, laboratorios y oficinas fueran seguras, reconocer los daños, llevar a cabo reparaciones o remodelación y, sobre todo, atender a nuestros colaboradores afectados. Fue un gran proceso, pero fuimos parte de ese mar de manos que se tendieron para ayudar. La sociedad nos dio un enorme ejemplo de lo que se puede lograr cuando los valores, la conciencia y el apoyo son las directivas de nuestro actuar. Nos inspiraron a seguir mejorando.

Lo mismo ocurrió en Acapulco cuando impactó el huracán Otis, tuvimos una mayor facilidad de maniobra porque el desastre ocurrió lejos de nuestro núcleo operativo. Pero también debemos tomar en cuenta nuestra propia infraestructura para que la gente siga teniendo acceso a nuestros servicios, sobre todo en momentos tan complicados. Proteger la salud se volvió una necesidad todavía más urgente.

Uno de los mayores apoyos con los que pudimos colaborar fue instalar un albergue con un área de dormitorio, baños, cocina y comedor para que la gente tuviera un refugio mientras volvía a sus casas. Para finales de 2023, habíamos entregado 135 toneladas de alimentos a cerca de 12 000 familias. Aún seguimos trabajando en Acapulco.

Buscamos hacer todo lo que esté en nuestras manos para proteger y ayudar a nuestra gente, que no son sólo quienes laboran en nuestras empresas y fundaciones, nuestra gente es todo el país, así lo entendemos. Aunque los sistemas para ofrecer atención puedan ser distintos, la forma de ver a la gente no lo es. Todos formamos parte de la misma comunidad. El proyecto de Farmacias Similares no existe en un vacío, no es algo que ocurra porque sí, es efecto de las transformaciones que sufre el mundo.

Para inspirar, esta transformación se ha dado por etapas, pero no se ha detenido. Transformamos la industria, pero la industria también nos transformó a nosotros. Ya no estamos en el negocio de vender medicinas o reducir el dolor; nuestra meta, nuestro propósito, es aumentar la felicidad. Eso dirige nuestro comportamiento comercial.

Una de las máximas diferencias que hacemos es devolver a los que menos tienen, ayudar a la sociedad. No sólo permitimos que los precios en el mercado bajaran de 7.4 dólares a 1.86 dólares, aproximadamente, cuando nos posicionamos, también hemos funcionado como un freno para que el resto de la oferta no suba los precios. Somos un punto de referencia en la toma de decisiones respecto a precios: «¿Cuánto cuesta en Simi? Es el margen que tengo para establecer mi precio». Si no existiera Similares, no habría ese freno de los precios en el mercado; se traduciría en un sinfín de personas que no tendrían la capacidad económica de comprar medicamentos.

Y todo se logra sin decir mentiras. La honestidad siempre es clave porque las personas se dan cuenta de lo honesto que es un esfuerzo y cuando alguien les miente. La simpleza funciona. No le quiero ver la cara a nadie. No subimos precios según la zona donde se ubique una de nuestras farmacias. Así sea en el centro de la Ciudad de México, en Cuautitlán Izcalli, en Polanco o en Ecatepec. Incluso en los aeropuertos, donde las cosas comúnmente son mucho más caras, nosotros mantenemos el mismo precio a lo largo de toda nuestra red de farmacias.

Es un principio de equidad e igualdad, sin perjudicar a quienes tienen menos recursos ni explotar a quienes puedan tener más. Esa honestidad, esa autenticidad, te da el éxito. A fin de cuentas, con un negocio se forman relaciones. Al interior necesitas de organización y colaboración, que no se darán sin confianza y respeto. Cuando tu empresa vende productos al público, también necesitas partir de la honestidad y el respeto a la gente para que exista verdadera confianza. Muchas empresas sólo piensan en cómo maximizar el dinero. «Si le puedo sacar más a Polanco, suban el precio en esa zona». Nosotros no pensamos así, esa es una de las formas en que nos distinguimos de los negocios tradicionales. Somos un negocio a fin de cuentas, pero buscamos ser un modelo que no se base en las ganancias, sino en la conciencia. Fomentamos un capitalismo consciente. Cuando tu negocio parte del amor, recibe amor. La misma gente te apoya, te vuelves parte de la comunidad y no sólo un instrumento de consumo.

En el rubro de Farmacias Similares, uno de los principales objetivos es la salud. Pero al pensar de manera consciente, determinamos ir un paso más allá y pensar en la salud integral. Es necesario no sólo pensar en los medicamentos, sino en la atención. Otra innovación importante que hemos hecho en nuestro modelo es la de los consultorios, donde ya se ofrecen, en promedio, 12 millones de consultas mensuales. Hablamos de 12 millones de personas cada mes, que se enfrentarían a graves problemas económicos y de salud. Es una carga que el sistema de salud pública no podría soportar si no tuviéramos como meta la salud integral de la sociedad. De esta manera también somos un desahogo para la saturación que sufren los médicos en el sector público.

El programa de los consultorios funciona con un comodato: nosotros nos encargamos de la construcción y abastecimiento del consultorio, el doctor no paga renta, luz ni algún tipo de servicio. Todo lo que necesite para realizar su labor se le provee. El único parámetro que reciben es cobrar la consulta al precio que nosotros determinamos, justo para mantenerlo accesible a la gente.

Todo lo que ingresa por consultas es 100 % para el médico; así goza de autonomía absoluta de prescripción, no tiene que recomendar nuestros productos, ni recibe comisiones por recetarlos. Así puede ofrecer la mejor atención posible sin limitaciones comerciales. Receta lo que el paciente necesita realmente, ni más ni menos. El médico está para atender a la gente y no es un vendedor.

Y todavía hay formas más sencillas de generar comunidad. El Jueves de Bondad es una estrategia sencillísima que desarrollé: los jueves damos un ticket gratis en todas nuestras farmacias. Mi intención sólo fue contagiar bondad. Entregamos el ticket y lo único que pedimos a cambio es que el cliente beneficiado haga un acto de bondad. Así de sencillo. ¿Por qué no pensar en algo más grande que nada más hacer una empresa y ganar dinero? ¿Por qué no hacer un movimiento y transformar sociedades? Ir más allá, ser el catalizador de un cambio real, donde la gente sea más honesta, más bondadosa. Más humana. Nos conviene a todos.

Quedarnos en la superficie, en un cambio de imagen o de *branding* sería deshonesto. Es importante realizar modificaciones al interior para mantener nuestro objetivo y cumplir nuestro propósito superior. Y es algo que se nota desde el primer contacto: cuando entras a una farmacia, escuchas SimiRadio, donde transmitimos noticias positivas y música alegre; la farmacia es colorida, te recibe gente satisfecha con su trabajo porque se siente valorada y conoce la importancia de su labor. Es toda una experiencia para mejorar el ánimo, más que sólo evitar síntomas de una enfermedad. Es divertido.

Uno se sorprende, pero hay mucha gente que va a las farmacias solamente porque busca actividad. Hay muchos adultos mayores para quienes ir a la farmacia es eso. Forjan amistad con los vendedores y muchos van a platicar con ellos, son como sus terapeutas porque los escuchan, conversan con ellos, gracias a la cultura de servicio que fomentamos en nuestros equipos. La comunidad que formamos comienza a trascender los muros y contagia al público, crece e incluye a la gente. Ese corazón, esa esencia, ese espíritu hace que nuestra empresa tenga ese vínculo tan estrecho con la gente para aportar cosas buenas a la sociedad.

Desde luego, hay dificultades y obstáculos por sortear. Pero cuando tienes un equipo motivado con un objetivo muy claro, con las condiciones laborales y personales apropiadas, con incentivos definidos, les permites desempeñarse bien ante toda adversidad. Vuelvo a la frase de «no traigas excusas, trae soluciones». El equipo está acostumbrado a buscar soluciones; no se queda en explicar el problema o por qué no es posible resolverlo, sino que busca una respuesta apropiada, el enfoque desde donde podamos apoyar. No nos detenemos a pensar si es posible o no. Encaramos el problema y entramos en acción. Como guerreros de luz estamos listos para ello. Es una cultura de actuar que se contagia.

La apertura de Droguerías del Dr. Simi en Colombia hará más grande nuestro proyecto, pero ya tenemos las bases de lo que funciona y hemos ido enfrentando retos. Trabajar a escala y subir por niveles es sumamente útil. Es una de las maneras en las que nos permitimos intentar sin temerle al fracaso. Tenemos pruebas piloto para todos nuestros proyectos, tanto de ventas y promoción como de labores sociales. Lo hacemos en chiquito, descubrimos qué es posible y cómo. Si una idea fracasa, las pérdidas son pocas, pero ganamos un aprendizaje enorme. No tiene nada de malo fracasar, y esto nos prepara para enfrentar desafíos más grandes sin detenernos a pensar en que no se puede. La clave es enfocarte en lo que es posible y convencerte de que lo es. De hecho, todo lo es. Sólo debes encontrar cómo volver fácil lo difícil.

En Colombia, comenzamos con cuatro farmacias. Es parte de nuestro origen: así como Farmacias Similares comenzó con un teléfono y en el primer día sólo se vendieron dos o tres productos, empezaremos con poco y lo haremos funcionar. Este nuevo proyecto no se queda en lo económico, no nada más vamos a llegar a vender como hacen muchas industrias, donde lo social queda en segundo plano. El apoyo social es parte integral de nuestro modelo. Como en México, Guatemala y Chile, también en Colombia buscaremos problemáticas sociales que podamos abordar de manera disruptiva. Así como cada zona de México enfrenta desafíos diferentes a los que tenemos que adaptarnos para brindar el apoyo más útil, también cambia el contexto de un país a otro, pero se adapta con facilidad el concepto y las herramientas porque la esencia es la misma y funciona.

El presidente colombiano, Gustavo Petro, nos invitó y al término de nuestras conversaciones para comenzar esta nueva etapa del proyecto le obsequié un Simi, símbolo de nuestros esfuerzos.

El Dr. Simi nació como un proyecto mexicano, como una institución que hermanara distintos sectores de la sociedad mexicana. En un primer momento ocurrió una transformación en la industria. Diversos competidores vieron el valor de lo que hacíamos y se transformaron en colaboradores. La sociedad en México ha sido testigo de las labores sociales que realizamos y ha comenzado a formar parte de la red de transformación. ¿Por qué parar ahí? ¿Por qué limitarnos a las fronteras de nuestro país? ¿Por qué no desarrollar un proyecto de solidaridad latinoamericana?

Tenemos la experiencia de todo lo que funciona en México y queremos expandir nuestra labor. A fin de cuentas, aunque existan ciertas distinciones en los contextos nacionales, también es cierto que hay una identidad latinoamericana en la que nos podemos reconocer, hay lazos culturales que nos unen. En Chile, donde tenemos presencia desde 2005, Fundación del Dr. Simi ya brinda apoyos similares (el juego de palabras es accidental) a los que se dan en México: rescates ecológicos y apoyo a fundaciones locales. También el funcionamiento de las farmacias se rige por el principio de los precios más baratos. Gracias a esto, hemos sido nombrados la marca más querida en Chile por quinto año consecutivo. Esto asegura que ganamos nosotros, ganan ellos, ganan todos.

A esto le llamamos «el sistema de la pirinola». Este juego es muy antiguo, algunos le dan orígenes hebreos y otros españoles. Lo cierto es que tiene sus bases en el azar, aunque le hacemos trampa porque en todos los lados de nuestra pirinola dice «todos ganan». El punto de esto es que siempre que hacemos una idea, se debe desarrollar de tal manera que todas las partes ganen. Si nos va a beneficiar en la dirección, también debe resultar en un beneficio para quienes colaboran en la empresa, y para la sociedad. Si una parte no gana, no realizamos la idea, buscamos otra.

Eso rige nuestra forma de tomar decisiones. Es otra de las grandes ideas que tuvo mi papá. Cuando haces un negocio y una parte gana pero otra no, o hay una diferencia de ganancias injusta, el negocio ya no funciona, existe un desbalance que termina por derrumbar esta asociación. Se pierde la armonía. Y este principio no se aplica sólo a los negocios. Hay que crear armonía en todos los aspectos de la vida, y para crearla, todos deben de ganar de manera justa.

El sistema de la pirinola es una idea que puede funcionar no sólo a otras industrias, sino en toda la vida. Debemos aspirar a la justicia, a la ganancia mutua, a apoyar a todos para que todos tengamos una vida cada vez mejor. El eje para lograrlo es la sinergia, un concepto que describe fenómenos donde varios factores se encuentran y se suman mutuamente.

¿Cómo se dan las sinergias? Pongo el caso del modelo de la Red Unidos para Ayudar. Fundación del Dr. Simi entra en contacto con otras fundaciones, con especialistas en distintas áreas: casas hogar, atención a adultos mayores, a pacientes de cáncer, de sida, personas que sufren de adicciones, etc. A esta gran diversidad de instituciones les brindamos los recursos para que puedan realizar sus labores. No lo hacemos todo nosotros, como si buscáramos competir; por el contrario, analizamos qué carencias tienen, escuchamos qué áreas de oportunidad consideran más importantes y les damos los fondos a ellos (expertos en sus respectivas áreas), para que puedan ejercer sus conocimientos y apoyos de manera efectiva. Es una suma de esfuerzos integrados.

Normalmente, el capitalismo se enfoca en el crecimiento comercial, en el aumento de ganancias. Pero un capitalismo donde el crecimiento se mide por la mejora en la felicidad de la gente, por las ganancias en calidad de vida de todos y de todo, incluido el medioambiente, resulta un sistema más exitoso. El humano es el capital más importante en las empresas. Los humanos somos quienes las hacemos, los que les damos éxito mediante sinergias. Sin las personas nada de esto es posible. Es necesario fomentar un modelo diferente.

Me gusta pensar en nuestra forma de hacer negocios como un modelo comercial socioecológico.

En Grupo Por Un País Mejor nos planteamos una meta: ganar el Premio Nobel. Sería la segunda vez en la historia en que una organización comercial lo logra (en 2007 ya lo conquistó el Banco Grameen, de Muhammad Yunus). Conseguir esta meta enaltecería nuestro modelo, lo haría resonar en las organizaciones comerciales. Y como resultado, muchas otras empresas podrían querer ser como nosotros, liderar con el ejemplo y, a la vez, servir a toda la sociedad. Me interesa crear un efecto dominó que se pueda reproducir en todo el mundo y transforme sociedades. El mundo necesita más empresas enfocadas en el beneficio de todos.

Mi misión no es ganar dinero, voy más allá de eso. Busco trascender significativamente, con sustancia y mérito. Quiero servir a mi país, a mi gente y a la de otros países, lograr una comunidad mundial de servicio. Cualquiera puede ganar dinero, tener una idea de negocios exitosa. Pero quiero que también cualquiera devuelva parte de ese éxito a quienes más lo necesitan. Ahí radica la importancia de este sistema donde todos ganan, donde se generan economías circulares, de ciclos virtuosos, de sinergias, donde al ayudar se gana y al ganar se ayuda.

Víctor González Herrera con niños damnificados en Acapulco, Guerrero.

Si logramos una transformación en la industria de una competencia férrea a una competencia sana, donde incluso formamos apoyos y nos volvemos aliados en busca del bien común; si comenzamos a transformar nuestro país para reforzar la idea de que todos compartimos la misma meta de bienestar y felicidad, creo que también podemos transformar otras sociedades y, quizá, el mundo.

Los conflictos, tragedias y sufrimiento moviliza a la gente a la acción, a la bondad, a querer crear un mundo libre de males. ¿Por qué esperar a que llegue esto? Creo que es más importante ser proactivos que reactivos. En vez de esperar la tragedia para actuar, seamos catalizadores del cambio. Cualquier momento es bueno para empezar. Incluso en los tiempos de abundancia podemos tender la mano para estar al alcance de todos.

Creo en la transformación y en las grandes ideas porque las he visto suceder.

CLAVES SIMISAMURÁI

- Acciona en el momento, las ideas impactan sólo cuando se llevan a cabo.
- No desestimes tus ideas porque parezcan inalcanzables.
- Encuentra el valor agregado o diferencia que presentarás al cliente frente al resto de la oferta.
- Encuentra cómo volver fácil lo difícil.
- Ganarás credibilidad, confianza y mucha tranquilidad siendo honesto.
- Busca soluciones y no te quedes en las excusas para enfocar tus esfuerzos en crear.
- Aplica el sistema pirinola en el sector donde te desarrolles y notarás la diferencia de crecimiento general.
- Busca tu propósito más allá de ganar dinero; la respuesta será más profunda y enriquecedora.

4

Conexión del guerrero

Cuando era niño vivía en Cuernavaca. Siempre me sentí muy afortunado porque, como esta casa estaba en un terreno muy grande, había un jardín que me parecía inmenso. Estaba repleto de árboles y arbustos, además había un estanque con peces y patos que vivían en libertad. Era como tener mi propia selva, mi bosque para vivir aventuras y también me la pasaba acompañado de mis mascotas.

Jugaba a ser un explorador en el corazón de África o en las profundidades del Amazonas, en busca de misterios antiguos y secretos resguardados. Muchos de estos juegos y aventuras los realizaba descalzo. La sensación del pasto en mis pies resultaba agradable. Era algo muy diferente a andar por la ciudad o dentro de mi casa, con zapatos, tenis o cualquier otro tipo de calzado. Una sensación única y especial. Es algo a lo que ahora le llaman *grounding*: estar descalzo, sentir la hierba y la tierra, entrar en contacto con la naturaleza a un nivel básico para conectar con tu energía.

Cuando crecí, continué buscando espacios naturales. Es a donde más me gusta viajar: a playas, bosques, selvas. Me doy cuenta de que lo que más disfruto es estar rodeado de árboles, escuchar las hojas cuando el viento pasa entre ellas, ver las aves en el cielo. Es donde me siento más cómodo y tranquilo, más a gusto e inspirado. En general, la naturaleza brinda salud y aspiro a ir a esos lugares para relajarme y desconectarme un poco de los negocios y el estrés, al tiempo que recupero la conexión con este mundo, donde la vida ocurre de manera auténtica. Para mí, es muy clara su importancia.

Ahora, como presidente ejecutivo de Grupo Por Un País Mejor, mis responsabilidades han crecido y tengo cada vez menos tiempo libre, pero en los pocos momentos que puedo me escapo a la naturaleza; a veces tengo tiempo para ir a una montaña a hacer *snowboard* y otras ocasiones sólo salgo a caminar a algún parque. Siempre hay formas de hallar ese contacto, no hace falta salir de la ciudad. De hecho, junto a mi casa hay un lugar a donde a diario salgo un rato con mis perros. Afortunadamente, vivo en una ciudad cada vez más preocupada por la conservación y el desarrollo de áreas verdes.

Una de las ventajas de estas nuevas responsabilidades en mi trabajo es que, gracias a las diferentes fundaciones y programas ecológicos que tenemos, puedo viajar a espacios naturales. Ya no sólo se trata de estar en contacto con estos espacios, desde hace muchos años, en Farmacias Similares hemos ido desarrollando programas para proteger diversos ecosistemas y ayudarlos a prosperar. En 2019, tuve la oportunidad de consolidar el desarrollo de un movimiento socioecológico que, para 2023, ya se había convertido en una de nuestras fundaciones insignia.

Este movimiento comenzó de manera casi fortuita. En Grupo Por Un País Mejor tenemos un himno que cantamos antes de las juntas más importantes; en él mencionamos nuestras labores y se enlistan las fundaciones. Básicamente es sobre quiénes somos. Pero hay un fragmento en esa canción que habla sobre defender al ser vivo sin excusas, mediante la Fundación Vivoz, cuya meta es dar voz a los seres que no la tienen.

Cierto día, mientras cantaba esta parte del himno, me di cuenta de que, siendo honesto, era una de las áreas menos desarrolladas en el grupo. Sentía que no le habíamos dado el impulso apropiado ni se le consideraba una prioridad, y no por falta de interés, sino porque en ese momento estábamos enfocados en otros proyectos.

En ese momento, nuestras acciones ecológicas constaban de reforestaciones a pequeña escala en la Sierra de Guadalupe, en el norte de la Ciudad de México. No habíamos logrado generar conciencia ni sentido de prioridad por la ecología y la difusión de estas labores era escasa. Era algo que debía cambiar porque, desde mi perspectiva, tenía que ser parte fundamental de lo que hacemos. Ese día, al escuchar con atención, me di cuenta de que no estábamos siendo congruentes.

Así nació la idea de desarrollar un proyecto que involucrara realmente a quienes no tienen voz, más allá de las personas, y a actuar real y efectivamente. Cuando tuve la oportunidad de tomar decisiones más grandes en el grupo, comencé a desarrollar un programa socioambiental que no sólo buscara ayudar a quienes estuvieran en situación crítica, sino que entretejiera la noción de que, para incrementar el bienestar de la gente, es fundamental aumentar el bienestar de nuestro entorno natural. Decidí darle prioridad y fuerza a la Fundación Vivoz y, en 2019, tuvo una especie de renacimiento con un nuevo concepto y nombre. Decidí llamarla SíMiPlaneta, un juego de palabras sencillo pero bello: tiene presente el prefijo *Simi* con el que nos reconocen en todas partes, pero de manera juguetona. Soy yo, eres tú, somos todos, como individuos, y lo reconocemos: «Sí, soy parte de este mundo, este es mi planeta. Y le digo 'sí' a mi planeta».

Como en muchas otras cuestiones, las ideas no surgen sólo de mí o llegan solas. La razón por la que en aquella junta presté atención a esa parte del himno tuvo que ver con mi entorno personal. Mi pareja actual tiene una mentalidad muy conectada con las nuevas generaciones, con sus preocupaciones y prioridades, y la protección ambiental es una prioridad entre los jóvenes. Soy una persona con una mente muy sencilla, pero, a la vez, muy observador. Me daba cuenta de que, ya fuera en pláticas conmigo o con otras personas, era un tema recurrente: hablaba de reciclaje, de la importancia de cuidar diferentes ecosistemas, del poder que muestran los jóvenes con pequeñas acciones para proteger no sólo la naturaleza, sino nuestro lugar en ella, desde nuestro sitio privilegiado. Al darme cuenta de la gran prioridad del tema para las nuevas generaciones, me brincaron esas ganas de ayudar y contribuir. Así que lo consideré el momento perfecto para que un proyecto de este tipo tomara fuerza en nuestra empresa. Pero, claro, hay que saber cómo hacerlo.

Como ya dije, siempre busco la forma de volver fácil lo complicado (es una de mis máximas), así que traté de pensar cómo podríamos contribuir de la manera más sencilla y efectiva. Me di cuenta de que una de nuestras huellas más grandes, donde más afectábamos como empresa, eran las bolsas plásticas que dábamos en cada compra. Estamos hablando de más de 40 millones de clientes al mes, entonces se entregaban más de 40 millones de bolsas ¡todos los meses! Aunque las nuestras se componían con un mayor porcentaje de materiales biodegradables, era una cuestión un poco contradictoria: sí, el material se degradaba, pero después de algunos años y en ese tiempo podía llegar al mar o a cualquier otro ecosistema terrestre y causar estragos entre las poblaciones animales. Entendí que ahí podíamos comenzar, donde se podía impactar de manera más rápida y eficiente: reducir la producción de plásticos y, como beneficio adicional, también disminuiríamos nuestra huella de carbono.

Pensé en una iniciativa en la que, primero, le pidiéramos a nuestros clientes, con la difusión en el punto de venta, no usar las bolsas desechables. Como una cuestión de servicio: si el cliente la pedía, se la dábamos, nunca se negaba. Así que el primer paso era fomentar la idea de no solicitar este plástico. En segundo lugar, nosotros entrábamos en acción para que el cliente aceptara la iniciativa. Le informábamos que, si no se llevaba la bolsa, Farmacias Similares se comprometía a que el dinero ahorrado de eso no se quedaría en la empresa, sino que se usaría para financiar proyectos de reforestación.

Es decir, no sólo se trataba de eliminar la producción de plásticos y nuestra huella de carbono, sino que transformaríamos ese gasto en un apoyo adicional a causas ambientales. Ese fue el inicio de la colaboración con las personas, porque con estos contactos se creaba conciencia en el público y los hacíamos parte de nuestros esfuerzos. Al decir que esta acción no sólo ayudaba a no contaminar, sino que, además, se transformaba en un programa ambiental, se volvía más sencillo alcanzar el objetivo; la gente lo hacía con más ánimo.

Las personas desean ayudar. A veces, el individuo pierde de vista el impacto que causa, pero no desea activamente causar daño a su entorno. Cuando se hace consciente y le muestras que sus acciones se suman a otras mayores y que eso produce un cambio positivo, le gusta, se siente animado a apoyar, se vuelve parte del cambio. Con esto arrancó lo que, en 2023, se convirtió en la Fundación SíMiPlaneta.

Las sincronías son curiosas. Poco después de iniciar el proyecto de reducción de bolsas en nuestras tiendas, llegó la disposición gubernamental para eliminar las bolsas plásticas no compostables en todo el país y nos ayudó a agilizar esta eliminación. Logramos disminuir más de 300 millones de bolsas plásticas que no terminaron como basura o microplásticos en los diversos ecosistemas. En el sitio web de SíMiPlaneta, que da difusión a los programas de la fundación, colocamos un contador con la cifra de bolsas cuyo uso reducíamos para mostrarle al público lo que estábamos haciendo. Con esta acción, pudimos recaudar una gran cantidad de dinero y fondeamos más proyectos ambientales. Elevamos la escala de las reforestaciones que ya veníamos realizando y también agregamos alrededor de 20 proyectos de protección y conservación de especies de flora y fauna de México.

Durante este proceso, vimos que la mayoría de nuestros clientes sólo compraba dos o tres productos en nuestras farmacias; en realidad no necesitaban una bolsa, se los podían llevar en la mano. Pero cuando aumentaba la cantidad, podría ser necesaria, así que desarrollamos una bolsa ecológica hecha por CINIA (sí, la misma empresa que fabrica los peluches Simi). Esta bolsa tiene el logo de SíMiPlaneta, está hecha de manta y es reutilizable. La puedes usar para el súper, para cargar tus cosas cuando sales de paseo o para llevar los útiles de la escuela. O, claro, cuando compras varios productos en Farmacias Similares.

Es un proyecto que, de manera simple, cubre varias aspectos: reducir el uso de plásticos y de la huella de carbono, incentivar la cultura de reutilización al evitar productos de un solo uso, apoyar proyectos ambientales y a empresas como CINIA, que da trabajo a personas con diferentes tipos de discapacidad. Además, es un marketing social que nos posiciona entre el público y, al mismo tiempo, sirve como difusión sobre nuestras labores ecológicas. Tiempo después creamos un concurso para jóvenes que participaron en el diseño de la bolsa SíMiPlaneta, edición especial, de tamaño más grande. Cuando se terminó su producción, se reunieron los fondos y se destinaron a un proyecto ambiental.

Además de los ingresos por las bolsas, la empresa ya destina otros recursos al año para sostener los proyectos y aumentarlos tanto en escala como en número. Hemos buscado ser una compañía que trate los problemas ambientales de diferentes maneras. No somos los únicos, lo que es muy bueno, pero aún somos parte de una minoría que esperamos crezca.

Lo cierto es que todavía se percibe la forma de actuar del pasado. Algunas empresas se tuvieron que sumar a este proceso por la disposición gubernamental, pero no fueron más allá, simplemente, dejaron de dar las bolsas. En otras, el dinero que se ahorró de esta eliminación de bolsas no se destinó a labores sociales o ecológicas, volvió a la empresa y ya. A este tipo de acciones se les llama *greenwashing*, donde sólo se aprovecha la tendencia hacia la conciencia ambiental para generar ganancias sin un involucramiento real.

Creo que el mundo necesita de nuevas perspectivas, nuevas formas de percibir y comprender nuestro papel como parte del entorno natural. Y, de cierta forma, hemos servido como un puente generacional entre estas dos dinámicas. No pretendo decir que las compañías que realizan este tipo de acciones limitadas sean malas (a fin de cuentas, todo suma), simplemente, no han priorizado esta transformación, pero sé que en algún momento se darán cuenta de lo importante que es.

Nosotros fuimos un paso más adelante y es una actitud que nos gustaría fomentar en el entorno empresarial. Es parte de lo que llamamos la mística de la empresa, es lo intangible, que se nutre de valores y de nuestro propósito superior, que va más allá de las ventas o acciones superficiales como método de ventas. Con esta mística, con esta actitud de guerreros de luz, creamos un movimiento que ya tiene reconocimientos internacionales. Es importante cambiar la mentalidad porque, a fin de cuentas, también es una dinámica útil para las empresas: haces un bien común y se crea una conexión con el público, en especial, con generaciones jóvenes con intenciones ambientales genuinas y sólidas, y modifican sus decisiones de compra con base en ellas.

Rigoberta Menchú y Víctor González Herrera como parte del equipo de reforestación.

Si eres genuino en tus motivos y actos, generas un retorno al ganarte la fidelidad de clientes conscientes. Es una cuestión donde todos ganan, que muchos no ven por pensar a corto plazo, en la ganancia inmediata. Se trata de crear ruido con impacto: tiene que ser auténtico y en grande. En cuatro años logramos la meta de desaparecer de nuestras tiendas las bolsas plásticas y hemos plantado más de 1.7 millones de especies vegetales, entre macollos de pastizales, coníferas, mangles, cactáceas y plantas polinizadoras. Este número se dice fácil, pero es una labor titánica. En México, nadie más ha plantado tantos árboles en ecosistemas tan diversos como nosotros.

Hoy tenemos proyectos ambientales en 43 ecosistemas (59 proyectos en total) de 23 estados. Para llevarlos a cabo, trabajamos con diferentes fundaciones especializadas, realizamos supervisiones constantes a fin de confirmar que las labores se hagan, tenemos un contrato con un consultor externo que nos dice dónde puede ser más eficiente nuestro dinero, a qué proyectos darles prioridad y, además, las fundaciones que forman parte de nuestra red dan trabajo a comunidades locales.

SíMiPlaneta se clasifica como un proyecto socioecológico porque no se trata sólo del cuidado del ambiente, sino que hay una relación entre la naturaleza y las comunidades humanas, y nuestros programas se abordan con esta relación en mente. Para que nuestros proyectos sean una realidad, los habitantes locales toman como trabajo remunerado las labores de reforestación y el cuidado de los hábitats. Con esto formamos economías circulares: las comunidades locales tienen un sustento mientras mantienen el ecosistema.

Uno de los principales problemas en los ejidos es la desaparición de la comunidad. Los hombres, los padres de familia, tienen que salir a trabajar a las ciudades por la escasez de recursos, por falta de trabajo en sus espacios, y esto desvincula a la familia e impacta en el desarrollo de las comunidades. Es una problemática social. Con los proyectos ambientales lo abordamos y logramos que todos los habitantes de la zona se queden en ella, tengan empleo y reciban un sueldo. Se vuelve un modelo integral en donde la gente protege al ambiente y esto, a su vez, protege a las personas.

También hay zonas donde la comunidad depende de los recursos naturales para generar ingresos. Entonces se dedican a la maderería o la extracción de goma de chicle, por poner unos ejemplos, lo que puede propiciar la desaparición del ecosistema, de los recursos y de la comunidad. Por medio de los programas que les presentamos, las comunidades que nos apoyan pueden utilizar los materiales naturales para su venta de forma controlada y responsable, además contarían con la asignación de permisos para explotación en zonas específicas, al tiempo que ellos mismos protegen el resto del entorno.

Es necesario trabajar con la comunidad local, no en contra de ella; hace falta entender sus necesidades y las de la industria humana, a la vez que ayudas a conformar sistemas más responsables para evitar la destrucción del hábitat. Se deben tener en cuenta las dos partes, lo social y lo ecológico. Es hacer que los individuos formen parte de las acciones, porque las problemáticas también los afectan.

Por lo general buscamos que nuestros proyectos sean sustentados por la misma empresa, pero entendemos que la gente quiere apoyar y hacerla partícipe sólo puede resultar en algo positivo. La clave está en las sinergias, unirte con más especialistas, fundaciones y más comunidades, pero también en integrar al público. Para este fin hemos pensado en varios métodos. Por ejemplo, alguien puede ser voluntario para participar en una reforestación, injertar corales en el mar o manglares en ríos. Pero también puede adoptar un árbol.

Es una acción sencilla, pero con gran impacto, donde una persona que quizá no tiene los medios o el tiempo para trasladarse a las zonas donde realizamos las actividades, puede donar dinero para comprar un árbol de cualquiera de los diversos ecosistemas en los que trabajamos y se siembra a su nombre. Es una manera de ayudar. Aunque para la persona pueda resultar simbólico pagar una cantidad pequeña y ser parte de un movimiento, el efecto real en el ambiente es enorme. Es un árbol que proveerá de espacio vital a un sinfín de seres vivos, que a lo largo de su vida limpiará miles de litros de dióxido de carbono del aire y liberará miles de litros de oxígeno a la atmósfera.

Esto es algo de lo que me he dado cuenta en los últimos años. A veces pareciera que la gente es indiferente, pero en realidad es muchísima la que quiere ayudar, tiene la intención, pero no siempre sabe cómo, y no hay muchas instituciones que les faciliten los medios para hacerlo. Con una acción tan simple se integran, se sienten bien, y esto los motiva a buscar nuevas formas de apoyar. Esta integración es fundamental. Me conmueve muchísimo. Hace veinte años la empresa tenía pequeñas reforestaciones en la Sierra de Guadalupe; hoy son masivas, con cientos de voluntarios del Estado de México y de la Ciudad de México que se suman a los colaboradores de nuestra red de fundaciones.

Tenemos también otras áreas de acción. Son programas de liberación y reintroducción de especies en peligro, como las tortugas marinas en Veracruz. Trabajamos de la mano con fundaciones dedicadas a la crianza de tortugas y, una vez que alcanzan una edad apropiada, se liberan en áreas protegidas y se monitorean las poblaciones para evitar que sean víctimas de la caza ilegal. Más de 400 000 ejemplares han sido reintroducidos a su hábitat en las costas mexicanas. Existe también un proyecto en el humedal de Xochimilco donde se cuida al ajolote, especie endémica y animal emblemático de México. Lo hacemos por medio de programas de reproducción para después liberarlos y evitar su extinción. Y hay programas similares para otras especies, como el lobo mexicano, el oso negro y el jaguar del norte, entre muchas otras.

Es una gran variedad de proyectos ecológicos en todo el país. Como el de la mariposa monarca. Uno de los problemas que enfrenta esta especie migratoria (que durante tres meses recorre entre 2 000 y 4 000 kilómetros desde Canadá y Estados Unidos hasta México) es que se están destruyendo los bosques donde descansan en su trayecto hacia los santuarios en Michoacán. Son muy vulnerables para los depredadores al estar tan fatigadas. Nuestra idea es reforestar la ruta migratoria que sigue para evitar su muerte, además de los proyectos que ya existen para la protección de estos santuarios.

Asimismo, es importante no enfocarnos sólo en lo macro. Hay niveles en los que las sociedades humanas y la naturaleza se entremezclan y también son sectores a los que dedicamos atención. Por ejemplo, ayudamos a centros dedicados al rescate de animales exóticos (ya sea que hubieran pertenecido a un circo o que alguien los tuviera como mascotas), para rehabilitarlos y liberarlos en su hábitat. Esto, desde luego, no siempre es posible. Los tigres rescatados de circos, como siempre han vivido en cautiverio, no pueden regresar a la naturaleza. Entonces, se les rehabilita, se les dan los tratamientos necesarios para que recuperen la salud y se les envía a santuarios donde puedan continuar recibiendo atención y cuidados a lo largo de su vida. En otros casos, cooperamos con fundaciones que trabajan con animales salvajes rescatados, heridos por accidentes o maltratos; una vez curados, pueden regresar a su hábitat.

He asistido a la liberación de algunos de estos especímenes. Recuerdo la de un oso hormiguero en Oaxaca, después de muchos meses de cuidado. El animal estaba cerca de una comunidad, un perro se asustó, lo atacó y lo dejó herido. Este centro animal le brindó los tratamientos para que se recuperara. Cuando se acercó la fecha de su liberación, me invitaron y, desde luego, asistí. Fue una experiencia muy bella porque el oso hormiguero es un ser con una apariencia muy especial. Es curioso, pero, aunque estos seres no comparten la misma voz que nosotros, se comunican en lenguajes muy similares. Aunque al principio estaba un poco asustado, al reconocer su hábitat comenzó a perder el miedo. Antes de partir, pudimos notar un dejo de agradecimiento en él. Es uno de mis recuerdos más gratos. Es lo que más me motiva de estas acciones.

Pronto abriremos nuestro propio centro de rescate animal en Tulum, un proyecto que me emociona. Admiro a los animales, por supuesto, desde la perspectiva de la biología y la importancia de los ecosistemas, pero también porque son seres con una belleza propia. Son importantes para el planeta, sí, pero también lo son simplemente por existir: son seres vivos, son vida. Es muy importante comprenderlos de esa manera.

En Ensenada también tuve la oportunidad de participar en el rescate de una víbora cascabel. En esta zona es muy común que se refugien en las casas, lo cual es un peligro tanto para las personas como para las serpientes. Por ello, la gente sin experiencia en el manejo de estos animales se asusta y, para evitar problemas, simplemente los mata. Hemos apoyado el desarrollo de varios centros de rescate para que las personas, en vez de hacer esto, llamen a los expertos para que las extraigan de las casas y las lleven a un centro a fin de determinar su salud, tener registros y soltarlas de vuelta a sus hábitats, lejos de las zonas pobladas.

Aunque a muchas personas les puedan parecer animales peligrosos, cumplen un rol, tienen un por qué y una función biológica en esos sistemas; entonces, es importante su conservación para la subsistencia misma del ecosistema. Por eso también es clave la labor de fomento a las instituciones especializadas en cada uno de estos ámbitos. La naturaleza es increíblemente variada como para que solamente un grupo pueda abarcar su totalidad.

Para lograr el éxito de nuestros programas, buscamos el apoyo de expertos y especialistas en las necesidades de las especies que habitan ecosistemas específicos. Los apoyamos con financiación, equipo y hasta expansión. En ocasiones, los centros no tienen suficiente espacio ni jaulas para alojar a los animales rescatados, pero siguen llegando nuevos ejemplares. Entonces, los ayudamos a expandir sus instalaciones para que puedan atender a un mayor número de animales.

De nuevo, es un proyecto socioecológico, porque no sólo es proteger a los animales, sino a las personas. El riesgo en este caso no es que aniquilen a las víboras, estos animales poseen una mordedura venenosa, letal para cualquier ser humano. Eso afecta en todos los sentidos a las familias (psicológico, emocional, económico). Incluso si no causan la muerte, la atención por los estragos por una mordedura de serpiente representa una gran gasto. Normalmente, son personas de comunidades remotas las que se ven más afectadas por estos encuentros. Para nuestra supervivencia, es importante entender esta interconexión entre los diferentes elementos de la naturaleza y nuestras propias comunidades.

Otro de los proyectos interesantes que desarrollamos es el de la reforestación de manglares. Estos no sólo son un hábitat importantísimo para peces, cangrejos y otras especies acuáticas, sino que también cumplen un papel en la reducción del impacto de las inundaciones. Su desaparición incrementa los daños que sufre la sociedad durante los desastres naturales.

También contamos con proyectos de desarrollo de corales: hemos trasplantado entre 6 000 y 7 000 colonias en las costas mexicanas. Los corales representan uno de los pilares de los ecosistemas marinos. Tienen un impacto positivo para reducir la fuerza de los huracanes y disminuir el daño cuando tocan tierra. Por eso, debemos entender las relaciones que existen entre las especies animales y las vegetales, así como la de los ecosistemas y las sociedades humanas. La destrucción del hábitat genera destrucción en el entorno humano, de ahí la importancia de estas labores. Todo tiene un por qué y un para qué.

Todo viene de la naturaleza, incluso los diseños de herramientas humanas. Los aviones surgen del estudio de la anatomía animal, de haber entendido cómo logran elevar el vuelo las aves; la medicina, de la naturaleza, del estudio de los beneficios de hierbas, así como la adaptación de venenos y otras sustancias de origen animal; medicinas tan importantes como la penicilina surgen de los hongos. No somos ajenos a la naturaleza, y es importante conocer estas relaciones.

Para apoyar la difusión de estos trabajos contamos con el apoyo de embajadores y ambientalistas. Tenemos un programa televisivo de educación ambiental llamado *SíMiPlaneta*, con una producción muy divertida para los niños con *puppets*, con la botarga del Dr. Simi y mucho humor. El objetivo es crear conciencia en los niños acerca de la importancia de los animales, las plantas y los diferentes ecosistemas del país, así como brindar educación sobre nutrición, ejercicio y otros temas de salud.

El camino está en la educación. El proceso tiene que ser integral, no sólo resolver los problemas cuando se presentan, sino prevenirlos; educar a los niños desde pequeños para que tomen conciencia de estos problemas y del papel que pueden desempeñar en el futuro para mantener el balance de nuestro planeta. Es una gran inversión porque produce generaciones con conciencia y, literalmente, genera futuro al perpetuar una mentalidad en pro de la conservación de un sistema ecológico sano y próspero que posibilita la vida. El efecto divertido, el hacerlo con humor y *puppets* con diseños atractivos nos ayuda a que este mensaje llegue a los más pequeños.

Como mencioné, las acciones no tienen por qué limitarse a bosques y selvas; hay una gran diversidad de proyectos para todos los gustos y afectos. Por ello, en SíMiPlaneta nos involucramos en la atención de animales domésticos. Trabajamos con muchas fundaciones que operan albergues para perros y gatos, una labor complicada porque hacen falta muchísimos recursos para su alimentación y cuidados. Ya forman parte del entorno humano, pero, tristemente, los hemos descuidado como sociedad. Apoyamos campañas de vacunación, esterilización y adopción para que encuentren hogar estos amigos peludos.

Nos gustaría laborar más en esta área y quizá trabajar un modelo veterinario, porque cada vez está más marcada la introducción de ellos en las familias; ya no se componen sólo de personas, sino también de «perrhijos» y «gathijos». Sería un movimiento acorde con nuestro propósito: generar mayor bienestar. Pero es un desafío muy grande que requiere de mucha planeación y múltiples recursos, y antes de poder pensar en ello, queremos enfocar nuestros esfuerzos en áreas menos atendidas.

Quizá en un futuro lo logremos, me encantaría porque amo a las mascotas, traen una felicidad enorme al hogar y son parte de la familia. También sería importante tener formas de darles atención apropiada. Estamos dando pasos chiquitos en esa dirección. En Similandia hay algunos productos para mascotas, como bolsas para las heces de los perros, y hay zonas en las que detectamos una gran presencia de mascotas, donde adaptamos los espacios de las farmacias para ser *petfriendly*. Estamos proyectando realizar venta en línea de productos para mascotas con nuestro *e-commerce*. Tenemos que ver cuestiones de permisos y burocracia, pero me gustaría mucho también apoyar a los miembros de la familia sin voz y volvernos un negocio todavía más versátil.

Otro factor importante para considerar es que, al menos por ahora, es inevitable que las operaciones de una empresa dejen una huella de carbono en el mundo, pero ya dimos los primeros pasos para cambiar este rumbo. Contratamos los servicios de asesoría ecológica de una empresa para monitorear esa huella. Nuestra intención es neutralizarla 100 %. Las reforestaciones no sólo sirven para sostener el hábitat de las diversas especies que viven en él, sino que también permiten una huella positiva de captación de dióxido de carbono.

Además, tenemos labores internas para reducir nuestro impacto, como bebederos para botellas reutilizables y reducir los plásticos de un solo uso; contamos con celdas solares en el corporativo para disminuir el consumo energético, cuya producción significa emisiones de carbono. También disponemos de cuatro centros de distribución, más de 250 farmacias y dos casas hogar con celdas solares. Nuestro plan es que todas nuestras instalaciones, nuestras farmacias y centros de logística cuenten con el mismo sistema de energías verdes. Proyectamos que, para 2050, nos habremos convertido en una empresa cero emisiones. Es parte de la congruencia. La transformación comienza en uno mismo.

Afortunadamente, todas estas labores se han traducido en un crecimiento impresionante de nuestra empresa, lo que nos permite llevar ayuda cada vez más lejos. Nuestra presencia no se limita a México, hemos logrado abrir mercado en otros países de Latinoamérica, como Guatemala y Chile, donde no sólo vendemos en las farmacias, también llevamos nuestros proyectos sociales y ecológicos. Es curioso, pero a pesar de ser un mercado al que llegamos después, SíMiPlaneta ha logrado un avance todavía mayor en Chile, gracias a la adquisición de una isla en la Patagonia chilena. Es una historia muy interesante.

Hace unos años fui a Chile para visitar nuestras operaciones y tener pláticas con el director chileno. Ya iba con el chip de SíMiPlaneta, estaba buscando diferentes proyectos en los que se pudiéramos apoyar, y le dije a mi compañero que necesitábamos hacer más, porque sólo realizábamos reforestaciones a escala muy local. Me comentó que había otra alternativa, ya que en Chile es un tanto habitual (por decirlo de alguna manera) que los empresarios compren terrenos gigantescos en espacios naturales con la intención de preservarlos.

Me pareció una idea interesante y se dedicó a buscar un espacio que pudiésemos adquirir para entrar en esta dinámica. Encontró una isla en la provincia de Aysén, en el archipiélago de las Guaitecas, cerca del pueblo de Melinka. Esta isla era propiedad privada y estaba en venta. Había diversos grupos y empresas interesadas en ella. El plan era dividirla en terrenos y ofrecerla a diferentes compradores y construir casas, condominios, etcétera. Entonces, corría el riesgo de ser arrasada.

Era una situación muy delicada porque la isla es un espacio muy importante en términos ecosistémicos. Es una joya densamente poblada de vegetación, con tantos árboles que es difícil transitar por ella. ¿Qué significa? Que su vegetación ayuda a una gran captación de dióxido de carbono y oxígeno, algo que desde la perspectiva ambiental es importantísimo. Pero, además, llegan ballenas azules, hay una gran diversidad de peces y habitan pingüinos, leones marinos y muchísimas aves. La diversidad es enorme. Es un lugar bellísimo, la verdad es que me dejó impactado cuando lo visité. Me resultó fundamental preservar esta ubicación.

Por fortuna, cuando nos enteramos de la existencia de esta isla, nadie había comprado todavía alguno de los terrenos. El precio de la tierra nos pareció razonable, hicimos nuestra oferta, y así nos hicimos de una extensión de 800 hectáreas en la Patagonia chilena: la isla de SíMiPlaneta.

Estamos en contacto con los programas de Biología y Ecología de la Universidad de Chile, ya que el lugar es un paraíso para la investigación. Nuestra intención es medir la captación de dióxido de carbono para determinar la huella positiva que representa y saber si esto se puede traducir en un bono de carbono para neutralizar nuestra huella en las operaciones en Chile. Además, queremos realizar conteos de las poblaciones animales que ahí habitan. El propósito es determinar el beneficio de conservación en el ecosistema y que, quizá, pueda convertirse en punto de contacto para el aprendizaje de los estudiantes en estas áreas.

Ya comenzamos con algunos trabajos en la isla. Hace poco enviamos a nuestro equipo de cine para armar un documental sobre la vida silvestre ahí. Este grupo tiene experiencia en la creación de documentales con nosotros. En 2023, realizaron *Guardianes,* que narra la historia de tres activistas a los que SíMiPlaneta apoya en tres ecosistemas: en los océanos de la Riviera Maya, con la implantación de corales; en Puebla, con reforestación y educación ambiental; y en Veracruz, para la conservación de la tortuga marina.

Es una historia difícil de contar, pero muy necesaria, porque no todo lo referente a la conservación es bello. Hay también un lado oscuro: la labor de la conservación conlleva riesgos porque hay intereses que se oponen a estas actividades. Hay muchos activistas asesinados en el cumplimiento de su propósito. Tristemente,

México es uno de los países con mayor incidencia en este tipo de tragedias: sólo en 2022 fueron asesinados 31 defensores ambientalistas.

Hemos sido testigos cercanos de este tipo eventos: el padre del fundador de la institución dedicada a la conservación de la tortuga marina fue ultimado por cazadores furtivos. Con este documental queremos crear conciencia sobre estos problemas que, de nuevo, son socioambientales: no sólo afectan a los animales o a la vegetación, sino que también impactan a las sociedades y a quienes buscan rescatar los ecosistemas.

Enviamos este documental como propuesta a los TVE Global Sustainability Film Awards, en Londres, y fue galardonado con el primer lugar. Fue impresionante porque durante la premiación pudimos ver parte de los trabajos de los finalistas. Son labores titánicas en todo el mundo: Asia, África, Estados Unidos, en todas partes del planeta. Son proyectos disruptivos, diferentes y únicos. Representó un gran honor porque había una competencia fuerte, en verdad, eran proyectos impactantes tanto en su escala como en sus objetivos, aunado a la calidad de sus trabajos documentales.

Cuando pasamos a agradecer el premio y mencioné los logros de los proyectos de SíMiPlaneta, todos se quedaron impactados. Fue muy grato ver esta reacción porque son personas dedicadas a labores parecidas y entienden la dificultad de lograr lo que nosotros hemos hecho: más de 400 000 tortugas liberadas, 6 000 colonias de corales trasplantadas, más de 1 700 000 árboles plantados. Recibimos el aplauso más sonoro de la noche. Fue un reconocimiento enorme que iba más allá de la premiación de un trabajo audiovisual. Nos dio gran visibilidad mundial y creemos que podemos repetir ese éxito con el documental sobre la isla de SíMiPlaneta.

Regresamos a lo mismo: es el mejor *marketing* del mundo, porque al final del día estamos haciendo un bien de forma genuina y honesta; generamos beneficios que van más allá de nosotros mismos. Esto genera un círculo virtuoso que nos permite seguir creciendo para continuar ayudando.

En México no queremos quedarnos atrás; buscamos cómo llevar a cabo un proyecto similar al de la isla SíMiPlaneta. Creo que no sólo es posible, sino necesario que haya más proyectos así. Deseamos desarrollar una reserva SíMiPlaneta mexicana y nos encontramos en busca de un espacio adecuado al que podamos tener acceso. En el futuro, desarrollaremos proyectos semejantes en otros países. No queremos que sea algo de una sola vez y que, por más positiva que resulte la acción, se quede en un movimiento aislado. Cada país y cada contexto es diferente; hay obstáculos que deben tomarse en cuenta, pero cuando la intención es buena, podemos abrir el camino y encontrar apoyos en todos los niveles de la sociedad para volverlo una realidad, desde las mismas comunidades hasta los gobiernos.

Desde luego, estas son labores que no podríamos realizar de manera aislada. Las sinergias son básicas y, además de las redes que conformamos con las instituciones especializadas, queremos que la gente participe, porque es un apoyo fundamental. Otra forma de integrar al público es mediante la venta de productos con causa. Son ecológicos, hechos con materiales no dañinos al ambiente y un porcentaje de su venta va destinada a los proyectos ambientales. De esta manera, nos ayudarán a ayudar.

No nos gusta pensar en los obstáculos y en que no se puede. Prefiero fomentar la actitud positiva, enfrentar los retos y encontrar el modo. Siempre tenemos un presupuesto destinado a las actividades ambientales de SíMiPlaneta y nunca se reduce, debe cubrirse, sí o sí, y buscamos constantemente aumentarlo. Mientras tengamos los recursos, lo seguiremos haciendo y, por fortuna, gracias a este círculo virtuoso que comienza cuando brindamos apoyo de forma auténtica seguimos creciendo para mantener vivos los proyectos.

Hay una historia que ilustra este punto de forma maravillosa. Warren Buffett y Bill Gates son nombres que muchos ubican. Hace unos años decidieron ponerse de acuerdo para donar la mitad de sus fortunas: 30 000 millones de dólares cada uno, una cantidad difícil de imaginar. En el momento en el que tomaron esa decisión estaban en el top tres mundial de millonarios y, obviamente, al perder cada uno la mitad de sus fortunas, descendieron en ese *ranking*.

El mismo año en el que donaron la mitad de sus fortunas, en los últimos meses, regresaron a sus lugares originales en el top tres. Recuperaron el dinero que donaron. Y esto se puede explicar no sólo por su pericia como negociadores y empresarios, tiene todo que ver con el hecho de que decidieron donar buena parte de su fortuna. Este tipo de acciones siempre van a producir un efecto benéfico para los negocios: más gente te apoya, más gente cambia sus patrones de consumo cuando demuestras valores y, sobre todo, acciones. Más empresas que comparten estos valores y acciones quieren colaborar contigo; además, tus propios trabajadores se ven motivados porque saben que están en una empresa con un auténtico propósito social, se sienten parte de esa misión porque lo ven. Eso genera motivación, empuje, un mejor rendimiento y una organización más feliz y sana. Da como resultado que vuelva la ganancia que generaste en las personas. La ayuda es rentable, ayudar tiene un gran poder. Jamás será un gasto, siempre es una inversión en favor de todos.

Esta transformación en la cultura empresarial se nota cada vez más. En nuestro grupo, si se pudiera medir el nivel de compromiso social, me atrevería a decir que estamos cerca de 100 %. Se nota en la actitud. No hace falta estar atrás de la gente ni exigirle, ellos mismos están comprometidos a dar más de lo que se les pide porque los resultados de sus labores son visibles en la sociedad. Esto es consecuencia de su gran compromiso con la empresa. Y aunque todavía es de forma poco uniforme, al exterior también comienza a darse.

Me ha tocado ver a empresarios que observan lo que hacemos y los beneficios que representan para nuestra empresa, y desean tomarlo como una competencia. Pero esto es bueno, la gente exitosa por lo general es competitiva y de cierta forma estamos compitiendo para ver quién beneficia más a la gente. No puede ser malo. Da igual de dónde venga, así sea como competencia, estamos logrando que estas nuevas dinámicas socioecológicas, que se traducen en beneficios para la sociedad y el mundo, permeen en más empresas. También he visto cambios profundos en otros empresarios, gente que de verdad desarrolla o ya tiene este deseo de forma genuina. Eso es lo importante, no hacerlo de forma superficial, sino lograr un cambio profundo que ancle estas acciones como una nueva realidad empresarial.

Si los líderes no tienen esa esencia, esa mística, un propósito genuino, por más que digan «sí, ayuden», en la empresa no se permea de la misma manera. Y tampoco es algo exclusivo de la cultura empresarial. Lo mismo pasa con *influencers,* con creadores de contenido u otros personajes públicos, e incluso a niveles tan chiquitos como las familias. Cuando un mensaje no es genuino ni congruente con las acciones y la esencia de la persona, se nota y no se transmite. Es importante que, primero, los de adentro lo sientan, lo vivan, para que se refleje hacia afuera. Si tú, como líder, como personalidad con seguidores, como padre o madre de familia, como profesor, vives esta mística y estos principios de forma auténtica y los ejecutas, tu grupo percibe la honestidad de tus acciones y no te sigue a ti, sino a tu ejemplo. Entonces, ellos mismos se convierten en nuevos modelos para quienes los rodean.

Para nosotros, este sentido comunitario ha trascendido las fronteras, ya no es solamente un proyecto mexicano, sino uno latinoamericano, y veo señales de esta transformación tanto en México como en otros países. Cuando estuve en Colombia y hablé con los directores de diversos laboratorios para desarrollar nuestra producción allá, se dio una situación muy curiosa porque ellos tienen contratos establecidos con grandes cadenas, mientras nosotros vamos a empezar con cuatro o cinco farmacias. El hecho es que cuando les conté nuestro plan, cuando supieron de todo lo que hacemos, las Colonias Simi, los proyectos de reforestación y de rescate marino; cuando vieron el peluche en los conciertos y les conté sobre CINIA, su respuesta fue: «Sentimos la autenticidad de estas acciones, queremos participar, queremos estar contigo». Incluso hay laboratorios trasnacionales en México con esta intención genuina, se han transformado y sumado a esta nueva mentalidad socioecológica.

Esa mística es muy poderosa porque lo humano no se queda ni dentro de los muros de Similares, ni dentro del aspecto empresarial. Todos somos parte de la naturaleza. Somos la única especie que puede comprender la importancia de los ecosistemas y el papel que podemos desempeñar para su conservación.

Debemos estrechar esta relación. Todos estamos conectados, aunque a veces no seamos tan conscientes de esta relación. Un ejemplo de ello es que se nos ocurrió una idea que, de entrada, sólo era un juego; era esta forma de hacer cosas divertidas: enviamos un peluche Simi al espacio con un globo meteorológico. Y lo logramos: hay un peluche Simi en mi oficina que ha estado en el espacio. Esa idea, que comenzó como un juego, se transformó en un proyecto con el que, con la tecnología espacial, vamos a detectar incendios forestales desde las alturas para combatirlos mejor, además de planear mejores medidas preventivas. La conexión ahí está, sólo es cuestión de observarla, de darnos cuenta de que todo está vinculado, nada nos es ajeno.

En 2023, vino a México Diambi Kabatusuila, reina de una de las tribus más importantes del Congo. En esta visita relató que, a pesar de las dificultades que enfrentan, en su nación es difícil encontrar gente que sufra de depresión porque ellos viven en contacto con la naturaleza. Hay estudios que lo avalan. Muchas veces se dice que la depresión es una enfermedad de ricos, porque la prevalencia de esta enfermedad en sectores económicos altos o países con gran desarrollo industrial es muy elevada. Pero no es de ricos, parece ser más una cuestión de desconexión, de apego a lo material, de alejamiento de entornos naturales, por una mentalidad de consumo desmedido, de nociones sociales artificiales, de un sistema poco preocupado por lo natural.

Todo lo que consumimos, tenemos y somos viene de la naturaleza. Lo artificial tiene su origen en lo natural, y debemos redescubrir esa conexión como empresas, sociedades e individuos. Cuando el humano está rodeado de naturaleza se siente bien, es más feliz, tiene más tranquilidad y está en armonía. Creo que muchos de los problemas que aquejan a nuestras sociedades provienen de esta desconexión con lo natural, de haber olvidado que no somos ajenos, somos parte de todo este conjunto llamado planeta Tierra, y todavía estamos a tiempo de recordarlo.

Porque, de verdad, como especie, somos uno de los resultados más bellos de la naturaleza, y a este respecto hay una observación muy importante: la vida en la Tierra ha pasado por diferentes extinciones masivas y siempre se ha recuperado. Es muy importante ser conscientes de ello porque es trágica la pérdida de la diversidad, pero a lo largo de las eras geológicas, la vida vuelve a prosperar, aunque de forma diferente.

El verdadero riesgo para nosotros es que si se llega al punto de no retorno, la humanidad perecerá como especie. Aunque la vida prospere en el futuro y existan nuevas especies que revitalicen al planeta, nosotros ya no formaremos parte de ese proceso. Eso para mí es muy triste porque no considero a la humanidad como un problema, un mal o una enfermedad. Creo, insisto: somos uno de los mejores resultados de la naturaleza y, con la maravilla que es la conciencia humana, podemos lograr muchísimas cosas positivas en pro de la vida.

Me gusta pensar que sigo jugando a ser un aventurero de la naturaleza, que ahora mis aventuras son la conservación del ambiente, la protección de especies vulnerables y el retorno de las personas a la armonía con la naturaleza, que ahora los secretos y misterios que he descubierto en las selvas y los bosques del mundo deben ser transmitidos a todos para que, juntos, sigamos siendo aventureros. Quiero que el mundo entero sea mi compañero de aventuras y nuestros juegos le devuelvan la vida al planeta.

CLAVES SIMISAMURÁI

- El mundo empresarial tiene que ver con el buen o mal manejo de los recursos del planeta. Tú decides.
- Ayudar tiene un gran poder, siempre es una inversión que beneficia a todos.
- Si actúas en congruencia con tus valores, llegarán las oportunidades adecuadas.
- Integra a compañeros y gente alrededor de los proyectos que a todos benefician, así los tomarán como propios.
- Pon atención a las sinergias, te darán camino.
- Se puede ser un empresario exitoso y, al mismo tiempo, un agente social con impacto positivo.
- Cuando tu cliente se vuelve partícipe, generas mayor impacto.
- Al hacer públicos los proyectos en pro del bienestar social que llevas a cabo, invitas y normalizas estas acciones para el resto del sector.

5

Artes marciales aplicadas

«La observación es la clave de la innovación». Es una de mis frases y me gusta porque es sencilla, directa y también muy cierta: a veces las grandes innovaciones surgen así. El otro día mi escolta nos dio una idea. Platicábamos y él estaba con su celular. De pronto me dijo: «¿Por qué Farmacias Similares no tiene canal de WhatsApp?». Y así, con algo tan sencillo y directo, de una persona cuya labor está apartada del funcionamiento general de la empresa, surgió una idea muy buena que ya implementamos.

Al observar, al escuchar, al estar presente, uno percibe el momento y se generan las ideas y, además, estás abierto a las que surgen de cualquier parte. A veces nos enfocamos en cosas como los títulos, las escuelas de renombre, lo reconocido. En Similares el modelo es al revés: si tienes la intención, las ganas y la disciplina, si compartes los valores y quieres contribuir, todo lo demás se puede aprender en el camino para crear algo grandioso. Es como en la película de *Ratatouille*: todo mundo puede ser un chef.

Ya tenía tiempo pensando en una idea para hacer una diferencia aún mayor en la sociedad. Soy consciente de que he tenido una vida privilegiada y me he desenvuelto en entornos con muchos beneficios y oportunidades desde la cuna, no es una realidad que comparte la mayoría de la sociedad mexicana. Hay una enorme desigualdad y pobreza en México, y aunque no tengo las respuestas ni todos los recursos para darle una mejor vida a todo el país, tampoco me gusta quedarme de brazos cruzados a esperar que las cosas se resuelvan solas.

En 2022, durante un viaje de la Ciudad de México a Cuernavaca, íbamos sobre la autopista y desde la ventana vi el costado de una colina repleto de casas grises. Era una vista triste porque no sólo se trataba del color de las casas, sino que esa era la cara de una problemática que yo conocía desde niño, cuando acompañaba a mi papá a entregar despensas en las zonas más pobres de Morelos. En estas grandes comunidades grises es donde se encuentran familias marginadas del país, que sufren de una desigualdad impactante con respecto a la calidad de vida de las zonas medias y altas, y ese color, o mejor dicho, la falta de color, sirve como un recordatorio doloroso de las condiciones en las que viven día tras día. Eso fue lo que observé aquel día.

La gente que vive en zonas desprotegidas no pinta sus casas no porque no quiera, sino porque carece de recursos. Tuve la inquietud de pensar por qué nadie hacía algo al respecto, por qué no llegaba el gobierno o empresas privadas a ayudarles. Parece algo superficial, pero es verdad que estar en un lugar bello, con una apariencia apacible y colorida, ayuda mucho a la autoestima y al bienestar emocional y psicológico.

Y así, como en un momento de película, pasó que al tener un peluche Simi en las manos, vi su reflejo en la ventana del auto, superpuesto sobre las casas grises; entonces, pude imaginarme una Colonia Simi con color. Me vino un chispazo: ¿qué pasaría si nosotros pintamos las casas? ¿Qué tal que no sólo las pintamos, sino que con ellas formamos un Simi gigante? Sí, que al verlas a la distancia, se creara un macromural y lográramos una obra de arte con el Dr. Simi como símbolo unificador de la colonia.

Ese fue el primer pensamiento, algo muy sencillo. En ese momento le hablé a mi directora de Relaciones Públicas, la licenciada Carmina González, le platiqué la idea y al instante me dijo: «Sí, ¡hay que hacerlo!». En esta cadena para volver realidad una idea, le llamé a la maestra Astrid García, directora de la Fundación del Dr. Simi, quien durante mucho tiempo se ha encargado de brindar ayuda a comunidades marginadas del país.

Los apoyos de nuestro grupo no nacieron ni con Farmacias Similares ni conmigo. Tenemos una larga historia que incluso va más atrás de Similares. Desde 1994, existen organizaciones como Fundación Best, que realizan actividades en pro del beneficio social para las comunidades que más lo necesitan y, gracias a esta larga historia, estamos insertados en muchos espacios. Desde hace dos décadas veníamos ejecutando nuestros planes de apoyo social, con medicinas, alimentación, ayudas a madres solteras y eventos comunitarios. Buena parte de estos proyectos se realizaron bajo la guía de la maestra Astrid García. En estas charlas para realizar el proyecto del macromural, ella llegó a la conclusión de que la mejor opción era una colonia ubicada en Ecatepec: Lomas de San Carlos.

Desde 2007, Fundación del Dr. Simi comenzó a brindar apoyos a diversas comunidades en Ecatepec, una de las zonas más desatendidas del Estado de México. En esta colonia los índices de pobreza son altos, no cuentan con servicios básicos como agua y hay un gran problema de inseguridad. Desde entonces, ya éramos un actor integrado en la comunidad y nos aceptaban. Y esto era un gran beneficio porque ya teníamos registro de las necesidades de esta población, dato que nos ayudó mucho al ejecutar el proyecto, además también existía el vínculo y la conexión con sus habitantes.

El plan se inició con esta idea básica del mural, de pedir a las personas permiso para pintar un Simi gigante, pero nos dimos cuenta de que, aunque tener un espacio visualmente más agradable serviría para el bienestar emocional de la gente, podía resultar una medida superficial si tomábamos en cuenta todas las problemáticas que existían al interior de la colonia. Por la marginalidad y el abandono no había unidad comunitaria, existían conflictos, separación, problemas familiares y delincuencia. Eso era algo que la pintura no iba a resolver por sí sola. El proyecto debía llegar más profundo.

Esta colonia, con alrededor de 4 000 habitantes, cumplía con las características que buscábamos porque queríamos un gran reto: una colonia donde, debido a las condiciones negativas por diferentes ámbitos (seguridad, salud, bienestar social...) pudiéramos generar un cambio drástico. Aquí había más oportunidades de brindar apoyo y hacer una diferencia. Podríamos demostrar que es posible un cambio profundo. Una vez decidido el lugar, actuamos de inmediato.

Mientras hacíamos los análisis en la colonia, nos pusimos en contacto con el artista local Oliver Tormenta, un muralista urbano joven y sumamente talentoso, para que nos ayudara en la realización. El proyecto evolucionó conforme avanzábamos: algunos habitantes se sumaron al trabajo o se les ocurría una idea y veíamos cómo implementarla.

Al final, resultó que podíamos hacer un sistema de salud integral y pensamos en lo que normalmente hacemos: agregar todos los servicios, nuestras actividades, en un solo proyecto para lograr un modelo ideal. Claro, en la zona tenemos presencia con farmacias que conjugan nuestro modelo del consultorio por comodato, pero pensamos en un consultorio especial con atención gratuita a los habitantes de la colonia, dos veces por semana.

Agregamos también un consultorio psicológico gratuito. En México existe un problema muy serio de enfermedades mentales y emocionales: hay alrededor de 3.6 millones de adultos y cerca de 16 000 niños que sufren depresión. El problema es tan delicado que hay personas que ni siquiera saben qué es un psicólogo. Hemos abordado este problema con los programas SIMISAE y SIMIAPSE, apoyos emocional y psicológico que conté antes. Y quisimos ofrecer este servicio en la Colonia Simi.

Mientras realizábamos las labores, detectamos un espacio deportivo que servía como centro de reunión para algunos jóvenes. Decidimos remodelarlo, pusimos un multifuncional para fomentar el ejercicio y atraer a más niños y adolescentes. El deporte es la mejor medicina para que los jóvenes no caigan en vicios. La actividad física es esencial para la salud, pero también fomenta hábitos sociales más sanos.

Una de las principales problemáticas en Ecatepec es la drogadicción y el crimen que la acompaña. Muchos programas sociales a lo largo y ancho del mundo han demostrado que el deporte es una de las mejores medicinas para combatir las adicciones. Reduce los índices de pandillerismo porque brinda a los jóvenes actividades para ocupar su energía y, en muchos casos, también les da un propósito de vida. Esto, a su vez, genera integración comunitaria.

La colonia contaba con un centro comunitario, pero estaba pobremente equipado. Decidimos remodelarlo y poner computadoras con internet gratuito para que los niños pudieran estudiar y hacer tareas. El proyecto iba creciendo conforme las casas adquirían color. Las familias se sentían felices de ver que la vivienda que les costó tanto sudor y esfuerzo construir se llenaba de color, les producía felicidad, como esperaba que pasara en aquel viaje hacia Cuernavaca. Pero la idea había trascendido y la alegría se multiplicaba al ver que toda la comunidad se estaba renovando.

De nuevo, durante el proceso nos dimos cuenta de que todavía podíamos dar un paso adicional. Ya habíamos abordado la parte social, ahora aplicaríamos la ecológica para volverlo un proyecto socioecológico. Se agregó un huerto comunitario para hacer a la comunidad más autosustentable al cubrir 15 % de sus necesidades de consumo alimenticio. Esto tiene el beneficio extra de que al no usar pesticidas ni químicos adicionados a la producción de frutas y vegetales, la alimentación es más orgánica, y al no tratarse de alimentos procesados su valor nutricional es mayor y, por lo tanto, más saludable.

Como dice el refrán: «Dale un pez a una persona y la alimentarás por un día, enséñale a pescar y comerá el resto de su vida». Les dimos la caña y les enseñamos a usarla. Enseñarles a cosechar sus propios alimentos (verduras, hiervas para tés, etc.) genera integración comunitaria, ya que se necesita del esfuerzo de muchas personas para que juntos cuiden de este huerto y se distribuya equitativamente el producto de su esfuerzo, al tiempo que generan independencia alimentaria.

Hay muchísimas familias que se benefician de este huerto comunitario. Pero tampoco nos quisimos quedar en ese punto. Capacitamos a las familias para que tengan sus propios huertos en sus casas. En la Colonia Simi de Ecatepec ya son cien familias las que lo tienen, además del que construimos, lo que triplica su capacidad de autosustento. En conjunto, los huertos de las Colonias Simi ya producen 6 000 toneladas de alimentos. Además, en Ecatepec, apoyamos con la activación de un pozo de agua con capacidad para beneficiar a 39 000 personas. Aparte, da sustento al huerto comunitario.

Si observamos con atención, vemos que abarcamos todo para que la salud de los habitantes de la Colonia Simi sea integral: tenemos salud física con el consultorio médico, salud mental y emocional con el consultorio psicológico, ejercicio con el gimnasio que acondicionamos, educación en el centro comunitario con acceso a internet, alimentación con los huertos comunitarios; mejor higiene con el acceso al agua, alegría con las casas remodeladas y pintadas. Y como se reducen muchos gastos, gracias a que son servicios gratuitos, también apoyamos la economía familiar, disminuye el estrés por las preocupaciones financieras y la gente vive mejor. Y continuamos ayudando como ya lo veníamos haciendo, con despensas, medicinas, apoyos a madres solteras y más.

Es todo un conjunto de acciones que crea bienestar; combatimos de fondo las causas que generaban las divisiones en las colonias. Obviamente, el cambio no fue instantáneo. Nada ocurre de la noche a la mañana. Cuando dimos el banderazo de salida para el desarrollo del proyecto, se notaba la división. A pesar de que llevábamos tiempo trabajando en esa colonia con otros apoyos sociales (y por ello nos recibían siempre con mucho cariño), no habíamos logrado una comunidad afianzada. Incluso, ya inaugurada la Colonia Simi, en los primeros meses del proyecto, nuestros equipos la visitaban y todavía detectaban divisiones, los vecinos no se hablaban, no se conocían, no se querían, había separación e indiferencia entre familias.

Hoy, la situación es diferente. He visitado la comunidad en varias ocasiones desde la inauguración y observo el cambio. Ahora se siente tranquilidad, armonía y existe una verdadera comunidad. Se han creado lazos entre familias, se han estrechado las relaciones entre los habitantes de la colonia, hay alegría y comunicación. Incluso hay un efecto positivo en los índices delictivos, ya no se siente como un espacio inseguro. Las mismas personas se unen para cuidar de su comunidad, los jóvenes se dedican al deporte, a cuidar los huertos y se alejan de actividades peligrosas y dañinas tanto para la comunidad como para su propia salud.

Actualmente, en estas comunidades hay unión, apoyos mutuos, protección. Se unen: las personas se dan cuenta de que las expresiones negativas eran un reflejo de una realidad cruel, un síntoma, no la causa. Al atender la verdadera causa, la dinámica cambia, se generan oportunidades de reivindicación, se vuelve sana. Curamos no sólo al individuo, sino también el entorno, a la sociedad. Jóvenes que conformaban pandillas, hoy se dedican a ejercitarse, a trabajar en los huertos y a brindar apoyo a sus familias y sus comunidades. Lo que comenzó como una idea loca de poner un Simi gigante, se transformó en un experimento social y es un modelo de unidad con la finalidad de reconstruir el tejido social de una comunidad marginada, elevar la felicidad y el bienestar de sus habitantes.

En este sentido, la revista *Expansión* hizo una medición donde detectaron que en la Colonia Simi hay una disminución en la percepción de los índices de inseguridad de entre 8 % y 9 %. Este efecto resulta muy interesante y queremos analizarlo a fondo para saber de qué otras formas podemos impactar en este ámbito. Recientemente formalizamos un proyecto de estudio con el Instituto Panamericano de Alta Dirección Empresarial (IPADE) para determinar, con protocolos científicos precisos, el impacto de esta colonia en los índices delictivos de la zonas donde se ubica, así tendremos datos veraces y una mejor comprensión del impacto creado. No sólo se reduce la inseguridad, también se eleva la economía, el bienestar y la felicidad de la gente. Queremos conocer los beneficios reales y específicos en salud y bienestar, analizando los cambios en nutrición gracias a los huertos y, en la condición física, producto de los gimnasios.

Desde el día en que imaginé este macromural de Simi hasta el 1° de septiembre de 2022, cuando inauguramos esta primera Colonia Simi, pasaron 10 meses, de los cuales seis se ocuparon en el desarrollo. Al ver que era posible realizar el proyecto con tanta rapidez, decidimos que ese cronograma sería parte del modelo. Las tres Colonias Simi que ya existen en Ecatepec, Mérida y Guadalupe, en Nuevo León, se realizaron en ese mismo tiempo, desde la selección hasta la inauguración transcurren seis meses. Es una meta que vamos a cumplir con las otras dos que ya están en construcción en Zapopan y Torreón.

Este es uno de mis proyectos favoritos, no sólo porque se gestó en mi cabeza y es como mi bebé, sino también por lo que significa para la gente que apoyamos. Engloba lo que hacemos en el grupo. No nos quedamos en acciones superficiales que den la apariencia de una labor social, realizamos una transformación integral, guiados por nuestro propósito superior: aumentar el bienestar de la gente. Cuando visito las Colonias Simi o estoy en los eventos de lanzamiento de los proyectos siento una alegría inmensa de ver tantas sonrisas en quienes ya se benefician y saben que sí funciona, así como en la gente que pronto lo vivirá.

Es un proyecto de alto impacto social que realmente ayuda y el resultado ha sido tan poderoso que se ha viralizado en redes sociales. Todo mundo conoce la Colonia Simi. Hoy, aparece hasta en Google Maps como «Colonia Simi», y el proyecto tuvo tal impacto que llegó a la primera plana del *LA Times*, el segundo periódico más importante de Estados Unidos. Este no es sólo mi logro. Sin el compromiso de mi equipo, de las fundaciones, de los artistas que nos apoyaron, de la gente que nos permitió entrar a sus casas y que trabaja en conjunto en los huertos y los centros comunitarios, no sería posible. Lo hicimos todos.

Las buenas acciones se te regresan y benefician a los habitantes. Llamamos su atención con ideas atractivas, pero también con beneficios reales. Captamos la atención de manera positiva, tratamos de hacerlo divertido. A la gente le gusta tanto, que acabamos posicionándonos como tendencia en redes. Ese es el marketing social más poderoso que hay.

Estás ayudando, estás transformando, estás haciendo algo positivo y la gente corre la voz. Es el ejemplo perfecto de cómo hacer el bien con una intención genuina, buscando mejorar la salud y el bienestar integral de la gente, de una manera disruptiva y diferente, con la creación de una obra de arte divertida.

Este fue el primer gran impacto de marketing social que tuvimos, nos visibilizó como marca, pero también a nuestras labores sociales que hasta entonces mucha gente no conocía. Incluso la cuestión de la difusión es todo un proceso. Recuerdo que cuando se visibilizó el mural de la Colonia Simi, aparte de las reacciones divertidas de la gente, también hubo muchas críticas. Se pensaba que sólo habíamos llegado a pintar nuestro logo y lo sentían como algo superficial. Se preguntaban de qué servía pintar las casas si eran personas que vivían en condiciones muy difíciles y necesitaban otro tipo de apoyos.

Mural de la Colonia Simi.

Desde luego que hay un efecto positivo en vivir en espacios coloridos y con una estética alegre. Esta primera visibilidad acercó al público y a los medios a esta colonia y se dieron cuenta de que el proyecto no se quedaba en la superficie, fueron conscientes de que era una cuestión de trabajo integral en pro de la salud y el bienestar social, y comenzaron a conocernos por ir más allá, por ser disruptivos y por tener un compromiso honesto para brindar ayuda.

Poco a poco, fueron visibles todas las acciones que ya estábamos realizando desde hace tiempo. La gente ya no sólo nos vio como la cadena de farmacias con medicinas a precios bajos. Entendieron que detrás hay un movimiento, un propósito que ha estado transformando la vida de muchísimas personas en el país, que se involucra en todos los aspectos, desde la salud hasta la ecología. Eso hizo que la gente nos abriera todavía más puertas, que nos viera bajo una luz todavía más positiva y se sumaran aún más personas a esta transformación social.

Es el concepto de capitalismo consciente. Desde luego que como empresa buscamos crecer, pero no queremos hacerlo a costa de la sociedad, sin devolver algo a quienes más lo necesitan y a quienes hacen posible nuestro trabajo. Pero tiene que ser algo auténtico, no es sólo hacer por hacer, no es nada más buscar ganancias. El apoyo que se da es con toda la intención de ayudar. Es el círculo virtuoso del que siempre hablo: al ayudar te ayudas, la gente responde positivamente a esfuerzos genuinos y te lo agradece, y eso hace que la ayuda regrese a ti. Es una huella positiva que trasciende.

Con este tipo de acciones tan vistosas atraemos la atención de otros actores sociales que tienen los recursos para realizar proyectos parecidos o para apoyar los nuestros, y se suman esfuerzos. Esta colonia no estaba en el radar de nadie y ahora se posicionó en los ojos de la comunidad internacional. Esta exposición no sólo es buena para nosotros, sino también para la comunidad porque estos actores con recursos, llámense empresas o gobierno, llegan a implementar todavía más ayuda.

Lo reitero: uno de los aspectos fundamentales en nuestros proyectos, tanto internos como externos, es encontrar el enfoque divertido, volverlo un juego. Por ejemplo, el grupo Bafar, una de nuestras fundaciones aliadas en el tema de la ayuda social, nos puso en contacto con la Fundación Real Madrid y, en conjunto, formamos un proyecto donde estamos dando clínicas deportivas mediante el futbol en las Colonias Simi. A finales de 2022, como parte de estas acciones divertidas, organizamos una «cascarita» con los niños de la Colonia Simi de Ecatepec para que jugaran con Giovani dos Santos.

¡Imagínate! Este futbolista, ídolo de tantos pequeños, se fue a echar «una reta» con los niños de Ecatepec, sólo para hacerles divertido el día.

También tuvimos una reunión con representantes de la NHL, la Liga Nacional de Hockey de Estados Unidos, con la intención de organizar clínicas prácticas de *street hockey* para los niños de las Colonias Simi. Son proyectos que acercan a los pequeños al deporte y generan cambios palpables en la sociedad.

Es impresionante hasta dónde puedes llegar, porque —insisto— cuando actúas con la intención genuina de ayudar, esta acción crece de forma exponencial. Afortunadamente, el proyecto sigue avanzando. Ya implementamos el modelo en Mérida y Guadalupe, estamos trabajando en Zapopan y Torreón, y no vamos a parar ahí. Obviamente, hay que laborar en conjunto con los gobiernos locales, no es posible llegar y hacer esta transformación como una ocurrencia. Tiene que existir coordinación, autorizaciones para recibir el comodato, determinar la inversión y los mecanismos, etc. Pero los buenos resultados nos han abierto muchas puertas.

La idea de un macromural del Dr. Simi (que necesitó 800 litros de pintura) siempre ha sido la insignia de estos proyectos. Es la parte más visible y divertida. Pero también se ha tenido que adaptar. Como las Colonias Simi de Ecatepec y Guadalupe se encuentran en las laderas de cerros, la inclinación permite que el mural sea visible desde tierra. Con la Colonia Simi de Mérida tuvimos que hacer algo diferente.

A principios de 2023, fuimos a la inauguración de nuestro Cedis en esa localidad. Acudió el gobernador de Yucatán, Mauricio Vila, y nos pidió que hiciéramos una Colonia Simi en conjunto con su administración. Nos pareció una buena idea y seguía esta lógica de sumar esfuerzos en todos los niveles sociales; ahora se nos integraba a las labores un gobierno estatal.

La cuestión es que el terreno en Mérida es muy diferente al de Ecatepec. Allá no hay cerros ni montañas, no había forma de lograr que el mural fuera visible desde tierra. ¿Cómo le íbamos a quitar la parte divertida al proyecto? Lo analizamos un buen rato, pero nuestros equipos tuvieron una magnífica idea y encontraron una comunidad perfecta para ejecutarla, no sólo porque era una colonia con gente de bajos recursos, sino porque tenía, además, una excelente ubicación. Ya veremos por qué.

Para esta colonia trabajamos el mismo modelo, con huertos (adaptados a los vegetales que mejor se dan en la zona), consultorios gratuitos de medicina y psicología, gimnasio, centros comunitarios y todo lo demás. Pero Mérida es un lugar que tiene una buena cantidad de precipitaciones al año, así que, además, hacía falta una labor adicional para impermeabilizar los techos, evitar goteras y daños a las estructuras. Aquí es donde la ubicación resultó importante y nos dio la oportunidad de tener presente al Dr. Simi: al momento de la impermeabilización también pintamos los techos de las casas. Gracias a la ubicación cercana a una ruta aérea, desde los aviones que se aproximan al aeropuerto de Mérida se puede ver la Colonia Simi de Tixcacal, con cien caras del Dr. Simi, una por cada techo impermeabilizado.

La tercera Colonia Simi tiene un logro adicional. Se encuentra en el municipio de Guadalupe, Nuevo Léon, en las comunidades de Nuevo Almaguer y Unidad Piloto, en las faldas del Cerro de la Silla. Gracias a ella conseguimos el récord Guinness por el mural anamórfico más grande del mundo. Esa fue otra de las ideas que, cuando me revoloteó en la cabeza, quise volver realidad.

Ya tenía la idea de conseguir un récord Guinness para darnos más visibilidad. Había pensado en algo con las botargas de Simi; pensé en que una cantidad enorme de botargas bailara en el Zócalo de la Ciudad de México, pero no estaba tan convencido. Mientras meditaba en ello, surgió el proyecto de la Colonia Simi en Nuevo León y me pareció la oportunidad perfecta, porque era algo que ya habíamos hecho varias veces y que, además, tenía muchísima sustancia.

Se volvió parte de los objetivos de esta colonia (además de los que conforman la base de las Colonias Simi) abarcar una extensión todavía mayor de casas a las que pudiéramos aplicar este modelo y, de ese modo, tendríamos la oportunidad de hace el mural más grande del mundo. Fue un trabajo titánico estar tomando todas las medidas, cada centímetro, conseguir todos los litros de pintura que se necesitaron y a todas las personas que trabajaron en su realización. Los miembros de la fundación se lo tomaron muy en serio, gracias a ellos se logró el mural del Dr. Simi en Nuevo Léon abarcara una superficie de 151 402.86 metros cuadrados y se requirieron 10 773 litros de pintura y sellador para completarlo. Con ello obtuvimos el récord mundial Guinness por el mural anamórfico más grande del mundo. Este mural también fue trabajo de Oliver Tormenta, con el apoyo de jóvenes rehabilitados de adicciones. Ese récord también es de ellos. Hay que reconocer el enorme esfuerzo que lo posibilitaron.

Obtenido el récord, que nos volvió a poner en el ojo del mundo, decidimos que no sería mala idea lograr una segunda marca. Esa idea ya no salió de mí, fue del gerente de Marketing Digital; las ideas comienzan a brotar de todos lados, se empiezan a multiplicar. Trabajamos en la colonia Roma, en la Ciudad de México, lo hicimos durante enero de 2024 y lo logramos: otro récord mundial Guinness por la rosca de reyes más grande del mundo, con 4 500 metros, de la que se cortaron 18 224 piezas de pan.

Y ahora sí me interesaba ir por el de las botargas: realizar un *flashmob* con el mayor número de botargas bailando juntas... Y, bueno, las ideas surgen de cualquier miembro de la organización y no podemos quedarnos parados, nos gusta hacer, ejecutar y concretar. Logramos el récord Guinness por el baile de botargas más grande del mundo.

Regresando a las Colonias Simi, la siguiente meta fue desarrollar un modelo todavía más completo y la oportunidad se nos presentó en Torreón, donde hay una comunidad en la colonia Benito Juárez con el sobrenombre de «Cartolandia», porque las casas son de cartón. Allí construiremos la primera Colonia Simi en su tipo y, cuando terminemos, el espacio se transformará en la primera Colonia SíMiPlaneta.

Visité esta comunidad, en febrero de 2024, para entregar personalmente despensas y otros apoyos. La verdad, es duro reconocer la situación en la que viven 650 familias. Son construcciones con materiales muy frágiles, las condiciones no son apropiadas, no hay agua. En épocas de calor lo sufren al extremo; en las de frío, no tienen abrigo, y se cuela el agua cuando llueve. A veces un solo cuarto es para familias de hasta cinco integrantes. No hay forma de que un ser humano pueda tener una existencia plena en esas condiciones.

El aspecto positivo es que, gracias a lo endeble de las construcciones, estamos haciendo una renovación más profunda, quitando esas estructuras de cartón, plástico, madera, alambre y lámina para construir casas desde cero. El reto es que será la primera colonia autosustentable y amigable con el ambiente. Aquí ya no sólo se trata de pintar y remodelar el exterior de las casas.

Este proyecto, además, se hace en conjunto con empresas mexicanas innovadoras. Para la construcción vamos a utilizar un material ecológico amigable con el medioambiente llamado «ecoblocks», patente mexicana de la compañía Échale. Estos *blocks* están conformados 90 % con tierra de la región y sólo 10 % es una mezcla de cemento, cal, arena y agua. Las casas van a tener dos cuartos, sala, comedor, cocina y baño. Son espacios que proporcionarán mejores condiciones de vida para estas familias.

Al ser un proyecto con miras ecológicas, pudimos agregar otros aditamentos como parte de los hogares para que sean autosustentables. Los estamos equipando con una regadera que es otra patente de otro inventor mexicano, que hará el lanzamiento de este producto con nosotros. Es una regadera ecológica que funciona como un módulo portátil, un *booth* donde se le meten 200 litros de agua y los recicla. Entonces, posteriormente, se le tiene que agregar muy poca agua, nada más lo que se llega a perder por el rocío al bañarse. Esta agua se reutiliza varias veces porque la tecnología de este *booth* la limpia y la recicla, y sirve también para lavar la ropa.

Se genera un ahorro enorme del recurso, que no sólo funciona para enfrentar la escasez que hay actualmente en el país, sino que es un apoyo adicional a la economía de las personas. También tendrán integrados paneles solares para reducir el consumo energético y contarán con electricidad más barata.

A esto se suman todos los servicios del modelo básico: consultorios médicos y psicológicos gratuitos, apoyos con medicamentos y despensas, espacios para ejercitarse, centros comunitarios, huertos. Es un experimento más profundo que las Colonias Simi tradicionales para lograr una comunidad autosustentable. Podría servir de modelo para proyectos más grandes a futuro, no sólo nuestros, sino de otras empresas que quieran involucrarse en este tipo de acciones y hasta podrían darse a nivel gobierno. Puede ser la inspiración de las comunidades del futuro para enfrentar los problemas socioecológicos presentes en el mundo.

Cuando llegamos con los habitantes de esta población para hablarles del proyecto, no lo podían creer, y de cierta forma no lo terminan de entender porque siempre han vivido en esas circunstancias y no visualizan el tamaño del proyecto, pero estoy más que seguro de que cuando reciban las casas y vean qué significan los beneficios que este modelo autosustentable les brindará, van a quedar encantados por la transformación de su vida.

A la gente en todo el país, e incluso más allá de nuestras fronteras, le encantó el proyecto de las Colonias Simi. Pero todo se debe a una labor auténtica que realizamos desde hace décadas. No cualquiera puede llegar con la intención de colocar su logo o su mascota sin más, existe una identificación con el personaje del Dr. Simi, con sus valores, con los beneficios no sólo del proyecto humanitario, sino también del modelo mismo del negocio de los medicamentos a precios accesibles. Integrarlos a todos y unirlos bajo un mismo símbolo les da sentido de comunidad y pertenencia.

Claro, con este modelo comercial socioecológico se obtiene una ganancia, a fin de cuentas tenemos un negocio que sostener, pero no se consigue pedir algo a cambio, es resultado de una evolución en la percepción, en el pensamiento y en la acción, porque cuando ven que tus acciones son genuinas, más gente se quiere sumar, más gente ve que esto funciona y quiere ser parte de ello. Se modifican los patrones de consumo de las personas, se transforman los patrones de producción de las empresas y eso nos beneficia a todos. Pero quienes obtienen los beneficios de los programas los tienen sin que se les pida nada a cambio.

En un principio, hace 10 o 20 años, pudo haber sido complicado, pero es una labor que llevamos realizando durante mucho tiempo. El conformar una red de apoyos, donde diversas instituciones ya estaban insertadas en las comunidades, nos permitió llegar de forma más fácil a estos espacios para brindar apoyo. Fundación del Dr. Simi tiene contactos en todos lados, delegadas en las ciudades más importantes del país con todas las comunidades marginadas y con gobiernos locales conscientes de las condiciones. La gente nos conoce y cuando ve llegar al Dr. Simi saben que será benéfico 100 %, sin tener que dar nada a cambio. Esa transformación nos permite dar el siguiente paso y convertir el modelo de un proceso social a uno socioecológico.

Después de 20 años de apoyar diferentes comunidades marginadas y zonas afectadas por el desarrollo humano sabemos cómo hacerlo y, si no podemos, sabemos a quién recurrir para conseguir lo necesario, contribuir de forma mutua y seguir trabajando en favor de quienes más lo necesitan. El Dr. Simi ya es una celebridad y somos conocidos por eso, por ayudar a la gente. Entonces, la labor se vuelve cada vez más fácil, va adquiriendo fuerza y velocidad.

En general, es un modelo chiquito de lo que hacemos como grupo. En 100, 600 o 1 000 casas arropadas por el símbolo del Dr. Simi se refleja el impacto de lo que puede hacer la responsabilidad social.

Cuando se construye un sistema donde todos los integrantes están alineados, conviven con los valores y la mística, y además tienen el mismo propósito de ese sistema, la innovación, la creatividad, el empuje y el crecimiento de la organización se empiezan a dar por sí mismos. Este sistema, o esta organización, no es sólo una empresa o un negocio, es cualquier grupo de personas que conforman una comunidad en todo el sentido de la palabra. Cuando todos en la organización comparten esta mística, el líder se vuelve un elemento más, deja de ser indispensable porque el propósito de la organización lo trasciende. Yo podría dejar la silla y la oficina que hoy ocupo para que llegue alguien más, y si esa persona comparte el mismo propósito que el resto de la organización, el conjunto marchará igual de bien, las ideas seguirán llegando. Y así como me llegó una imagen de un Simi gigante en una colonia desprotegida, otras ideas surgen de diferentes personas que comparten un propósito.

Pero es algo interesante porque, de verdad, el proyecto ha servido para llamar la atención de muchas maneras, no sólo para posicionar la marca, sino para atraer a la gente a este tipo de iniciativas. Empezamos con una idea en una colonia que nosotros conocíamos, gracias a programas previos y, de pronto, salieron gobiernos como el de Mérida a pedir colonias. Y también lo hace la misma gente, el público.

El proyecto de la Colonia Simi de Zapopan surgió porque, cuando hicimos un video en TikTok para anunciarlo, una seguidora nos dijo: «Queremos una en Zapopan». Nuestro equipo detectó este comentario de entre todos los que recibimos diariamente y dijimos: «Va». Buscamos la mejor comunidad para el proyecto y empezamos a trabajar. Estuve allá para dar el banderazo de inicio de labores y, mientras me tomaba fotos con la gente que asistió al evento, se acercó una joven y me dijo: «Yo soy la chica del comentario que les pidió la Colonia Simi».

Fue una gran experiencia y a mí me llena muchísimo que la gente pueda decir eso, que este logro no sea sólo mío o de Farmacias Similares. Que esta chica pueda decir con todo el orgullo del mundo: «Gracias a mí hay Colonia Simi en Zapopan». Esto es un proceso para las comunidades mediante las comunidades. Ahora todos quieren una Colonia Simi, y está perfecto porque la intención es ayudar y unirnos para lograrlo.

Estas colonias son el ejemplo perfecto del marketing social bien ejecutado. Ya lo mencioné, es una dinámica curiosa: de nada sirve tener el dinero en el banco. Cuando compartes la mística de ser un verdadero agente transformador positivo, ayudas a las personas; lo chistoso es que entre más das, más recibes. Es lo que he aprendido, lo que veía en la empresa desde que era vendedor, lo que aprendí de mi papá cuando era niño, lo he aprendido al ver a empresarios de todo el mundo que comparten estos valores y en muchas otras áreas. Lo he observado en el budismo, en movimientos espirituales, todo me ha llevado a la misma conclusión. Es algo que trato de enseñar a tantas personas como sea posible. No sería suficiente para mí nada más ganar dinero, ni creo que sea la meta de nadie en esta organización. Todos queremos algo más que lo material. Es una sintonía con la que uno puede conectarse y, al hacerlo, la magia sucede.

Don Víctor González Dr. Simi siempre decía: «Al espíritu hay que darle espíritu y a la materia, materia». Es importante lo material, por supuesto, porque vivimos en un mundo material, tenemos que pagar cuentas, comer, dar educación de calidad a nuestros hijos, y eso cuesta. Pero lo espiritual también es importante y debe ser alimentado.

Hay una metáfora sobre esto que me encanta. La aprendí de un mentor y asesor, Leo Rastogi. Él visualiza esta dualidad de lo material y lo espiritual como un pájaro. Todos somos pájaros y tenemos dos alas, una es lo material y la otra, el espíritu. Si se debilita el ala de lo espiritual, el ave cae; pero pasa lo mismo si se debilita el ala de lo material. Necesitamos ambas fortalecidas para volar. Es indispensable ese balance entre ambos puntos y es lo que estamos haciendo en Farmacias Similares, desde el interior y hacia afuera.

Cuando te cuidas a ti mismo en lo material y lo espiritual, y cuidas a los tuyos en ambos aspectos, lo imposible se vuelve posible. Esta actitud se fomenta, crece hasta alcanzar a más personas. La abundancia genera abundancia si se sabe repartir. Al generar bienestar material entre la población con proyectos como las Colonias Simi, ayudamos a fortalecer también el espíritu para que puedan volar y nosotros volemos junto a ellos.

Estos proyectos auténticos nos han ayudado a crecer y ganar más. Gracias a eso, podemos invertir más para llevar a cabo proyectos aún más arriesgados y complejos, a escalas cada vez mayores. Hemos podido traspasar fronteras y hacer que los beneficios lleguen a más gente, por ahora en Latinoamérica, pero quién sabe, podríamos llegar eventualmente al resto del mundo. Todos estamos conectados, todos somos humanos, todos somos vida.

No es fácil, no se trata sólo de llegar y pintar una casa con nuestro logo y el eslogan. Cualquiera puede hacerlo, pero se necesita que, de fondo, haya intención auténtica de ayudar, una verdadera mística y un propósito genuino. Por nuestra trayectoria, de afianzar nuestros lazos con las comunidades y las personas más desprotegidas, con ayuda verdadera, con congruencia en nuestras acciones, lo hemos hecho posible. La gente nos acepta, nos recibe y nos quiere. Eso beneficia a todos.

Cuando las empresas o cualquier tipo de proyecto adoptan esta mística, los resultados se logran, se crean las sinergias que permiten aumentar el bienestar para todos. Es un ejemplo perfecto de quiénes somos y cómo hacemos las cosas, de nuestro compromiso y nuestro actuar como guerreros de luz, y de que no sólo nos quedamos en la superficie. Así vamos creando nuevos patrones sociales y modificando los que ya existen. Mucha gente se preguntará por qué lo hacemos y la respuesta es muy sencilla: ¿por qué no?

Nosotros entendimos con las Colonias Simi que teníamos la capacidad de ir más a fondo, de generar una transformación profunda y de formar un proyecto integral. Pero, de verdad, cualquier apoyo en la dirección correcta es positivo, suma. El simple hecho de salir a tu comunidad y pintar casas, apoyarse entre vecinos para hacerlas coloridas mejora el bienestar, la gente es más feliz, se alegra de ver su espacio lleno de vida y de color, se modifica su estado de ánimo de forma positiva, y se fomenta la fraternidad, los lazos comunitarios. Está comprobado.

Afortunadamente, Farmacias Similares puede ir más allá; podemos tener este enorme Simi que se vuelve un símbolo de que el cambio en beneficio de todos es posible. Y también, muy divertido. Es importante tener estos proyectos y que toda una comunidad se identifique con este símbolo.

Cuando he ido a visitarlos, la gente se nota feliz y me dice: «Yo vivo en el bigote», «Yo vivo en el ojito». Es algo divertidísimo. Me gusta saber que el Dr. Simi vive en sus corazones.

CLAVES SIMISAMURÁI

- Siempre se puede aprender de todo si se tiene la intención, las ganas y la disciplina para hacerlo.
- Abre la mente para indagar en posibilidades que parecen fuera de tu sector, de algún modo todo puede conectarse.
- La abundancia genera abundancia si se sabe repartir.
- Comparte el conocimiento y haz partícipe a los demás para que actúen en consecuencia en sus áreas, sin necesidad de que estés detrás de todos.
- El estrés limita las capacidades y calidad de vida, no es una buena opción fomentarlo como parte del trabajo.
- Los símbolos tienen peso cuando se acompañan de congruencia y acciones.
- Al espíritu hay que darle espíritu y a la materia, materia.
- La observación es la clave de la innovación.

6

Guerreros Simi al vuelo

A mi familia siempre le ha gustado mucho Disney. Cuando era niño visitamos varios de sus parques; son de mis recuerdos más gratos. Estos lugares tienen una magia especial. Cuando eres niño, de verdad, sientes que es un sitio hecho de sueños. Los personajes siempre te reciben con una sonrisa y mucho cariño. Todo parece tener un aura que te invita a imaginar un mundo más bello. Es curioso el poder que tienen estos personajes para hacer que incluso los adultos se sientan como niños. A la fecha, todavía disfruto mucho de sus películas animadas porque, además de ser impresionantes desde el punto de vista técnico, son historias que siempre tienen un mensaje hermoso.

Yo creo que esta magia tocó a mi familia desde que era pequeño y, gracias a eso, nació el que se convertiría en uno de los personajes más famosos y queridos de México: el Dr. Simi. Se creó casi a la par de la empresa de farmacias. Al principio, sólo estaba el logotipo de Farmacias Similares con el eslogan de «Lo mismo, pero más barato» y el sello que anuncia «Hasta 75 % de ahorro». Pero algo hacía falta. Pienso que ahí se hizo presente la magia de Walt Disney, porque a don Víctor González Dr. Simi le llegó la idea maravillosa de tener un personaje; un doctor que fuera divertido y picarón, pero que, al mismo tiempo, inspirara confianza y tranquilidad porque sabía mucho. Así que se organizó un concurso y aunque hubo diseños muy interesantes y uno fue premiado, no convenció del todo... le hacía falta magia.

Entonces, el equipo de Farmacias Similares, de la mano de Óscar de la Sierra Arámburo, entonces vicepresidente del grupo, encontró a Daniel Burgos, un dibujante con una personalidad muy peculiar, quien realizaría el primer Dr. Simi.

La inspiración fue Joaquín Pardavé, un actor de la Época de Oro del cine mexicano que, además de ser muy versátil porque actuaba, dirigía, escribía y componía temas musicales, tenía personajes muy entrañables. Uno de ellos, Susanito Peñafiel y Somellera, el simpático y bonachón secretario de Porfirio Díaz en la película *México de mis recuerdos*.

Tanto la mezcla de la personalidad carismática, alegre, picarona y versátil de Joaquín Pardavé como la imagen de Susanito Peñafiel se combinaron para dar vida al Dr. Simi, quien comenzó como un simple boceto en blanco y negro, muy chiquito y sencillo. A este primer dibujo sólo se le hicieron unos cambios pequeños y se convirtió en el Dr. Simi que todo mundo conoce.

Desde el inicio, hemos tenido presente el objetivo de hacer las cosas de un modo diferente y divertido, de ser disruptivos mediante la alegría. Creo que la diversión y los juegos no tienen por qué acabarse cuando uno se vuelve adulto. Mantener vivas la curiosidad, creatividad y capacidad de asombro de la niñez son de las claves que nos permiten seguir innovando de adultos. Y justo de esas ganas de querer seguir jugando surgió la idea de sacar al Dr. Simi del papel y las marquesinas para traerlo al mundo real y alegrar a la gente con sus bailes.

Aunque nuestro negocio es de farmacias y no de dibujos animados o parques de atracciones, siempre he tenido la sensación de que la botarga es una adaptación de este concepto de poder acercarte a tus personajes favoritos y darles un abrazo. El Dr. Simi se convirtió en nuestro propio Mickey Mouse, pero mucho más bailarín. A pesar de ser un señor grande, está lleno de energía y es un niño de corazón con una personalidad juguetona y alegre, siempre dispuesto a vivir aventuras.

Gracias a este personaje y a las botargas, Farmacias Similares tuvo un primer momento de viralización antes de que este se convirtiera en un concepto común en la publicidad. Mucho antes de los peluches lanzados en los conciertos, estuvieron las botargas tacleadas. En las redes comenzaron a circular video tras video de adolescentes entre 15 o 16 años que se grababan corriendo hacia una botarga desprevenida para taclearla y salir corriendo. Y aunque se volvió viral y a muchos les pareció divertido, era algo muy diferente a aventar un peluche porque adentro de la botarga hay una persona.

Era una espada de doble filo porque, aunque los videos sirvieran como un tipo de publicidad indirecta, existía el riesgo de que alguno de los botargueros se lastimara. No podíamos descuidar a estos compañeros, quienes ya de por sí hacían un gran esfuerzo durante muchas horas trabajando en lo que les gusta. Este primer momento encendió algunas alarmas porque podían darse tres malos escenarios: *1)* que los mismos botargueros se alejaran de esta actividad, porque ser un Simi les podía parecer riesgoso, *2)* que nosotros tuviéramos que tomar la difícil decisión de retirar las botargas de las farmacias para proteger a nuestro personal, y *3)* que el Dr. Simi se relacionara de forma permanente con esta actividad y perdiera su potencial para unir a la gente de forma positiva.

Afortunadamente, algo que siempre ha caracterizado a la empresa es tener una mentalidad positiva y un gran equipo capaz de tomar decisiones inteligentes, así que preferimos analizar la situación antes que reaccionar sin conocimiento. Nos dimos cuenta de que, pese a la viralización de estos videos, no era una actividad que estuviera tan extendida, no era algo que les ocurriera a todas las botargas en todo el país, sino que sucedía de forma muy reducida. También preferimos apelar a la bondad de la gente, a no hacer juicios inflexibles y entender que se trataba de jóvenes que se divertían sin medir tanto los riesgos. Yo creo que en el centro de todo estaba, justamente, el desinterés por las consecuencias (que nos pasa mucho cuando somos jóvenes).

Pero había también un efecto psicológico que cumplía un papel importante y es algo que incluso se ha estudiado con el ascenso de las redes sociales: el anonimato que, tristemente, reduce la empatía. Este anonimato funciona en dos sentidos. Cuando crees que nadie va a descubrir quién eres, te sientes más cómodo realizando actos negativos, como dejar comentarios hirientes en una publicación; pero, además, cuando no puedes ver las reacciones de la persona a la que le dejas el comentario, al no ver las consecuencias en los demás, nos desconectamos de ellos.

Los humanos somos seres de contacto. No somos malos por naturaleza, sin embargo, necesitamos el contacto para explorar nuestras emociones y reacciones. Los bebés y los niños no tienen conformados muchos conceptos y por eso exploran de forma total. Un niño puede llegar a ser cruel con algún comentario, no porque quiera serlo, sino porque no entiende lo que hace, no tiene referentes de lo que es la crueldad. Pero si al hacerlo, ve en el rostro de otra persona un gesto de tristeza o malestar, se siente mal por dentro y descubre la empatía, se da cuenta de que los actos negativos tienen consecuencias igualmente negativas, tanto para la otra persona como para sí mismo. Es un poco lo que pasaba, porque veías al personaje, no a la persona en su interior. No parecía haber consecuencias porque en apariencia sólo era una botarga, pero la realidad es que había alguien dentro.

¿Cómo podíamos darle un giro positivo a esto? ¿Cómo proteger a los botargueros sin sacrificar la viralización que generaba su presencia? Esto se abordó un poco con el desarrollo del personaje, humanizarlo todavía más con voz y una mayor presencia para que la gente lo percibiera como una persona real. También empezamos a darle un poco de libertad de movimiento al resto de los colaboradores en farmacia para que el botarguero no estuviera solo y vulnerable. Fueron pequeñas acciones que hicieron mucha diferencia. Además, no nos equivocamos en apelar a la bondad de la gente. Este cambio positivo se fue dando de manera natural, porque las personas comenzaron a adquirir conciencia de que las botargas son personas que realizan un trabajo complicado.

Pudo haber sido muy fácil decir: «Oye, es un riesgo muy grande para nuestros empleados, mejor hay que quitar a las botargas de las farmacias». Pero encontramos el modo de cambiar esta dinámica. Y lo cierto es que siempre hubo de todo. Había quienes las tacleaban porque se les hacía divertido, pero había muchos otros clientes de todas las edades que interactuaban con el Dr. Simi de otras maneras. Porque este Simi no sólo baila afuera de las farmacias, también regala paletas a los niños, saluda a los papás, ayuda a los adultos mayores y hasta aparece en programas de televisión. La gente lo abraza y se toma fotos con él.

En realidad, era una proporción menor de personas las que tacleaban a las botargas. Sólo era algo muy visible por la viralización, pero estos videos no eran razón suficiente para quitar el símbolo de las farmacias que, a fin de cuentas, representa todo lo que hacemos. Una golondrina no hace verano. Su presencia era más fuerte que cualquiera de estas acciones y, la verdad, es que las personas dentro de las botargas siempre mostraron su deseo de continuar con esta actividad que tanto disfrutan.

Y es curioso porque nuestro público no es específicamente de adolescentes o jóvenes, tenemos una clientela muy amplia, pero han sido estos mismos que antes tacleaban a las botargas, los que ahora son nuestro mayor impulso mediático en las redes.

Este cambio tiene mucho que ver con las dinámicas al interior de la empresa. Contamos con muchos jóvenes con ideas innovadoras, que son los que supieron conectar con los jóvenes en las calles. El Dr. Simi se ha vuelto un símbolo presente en conciertos y conecta muchísimo, tanto con el público como con los artistas. Quiero creer que yo he tenido algo que ver con este cambio. Pienso que cada líder le impregna un poquito de su personalidad a la empresa que lidera.

Al ser todavía parte de estas nuevas generaciones que están transformando diversas industrias, comparto muchas de sus perspectivas y supe reconocer la importancia de adaptarnos, de mantener nuestra esencia al tiempo que formábamos parte de esta ola de nuevas ideas. Además, supe contratar y escuchar a gente joven que sirviera como un puente generacional, que supiera usar las redes sociales y aprovechar los momentos virales generando contenido. Así supimos conectar. Y por si fuera poco, tuvimos estas sincronías de que el cambio generacional se dio cerca del final de la pandemia, en un momento en el que la gente estaba deseosa de volver a salir al mundo a divertirse, a jugar, a ser libre.

Ya teníamos conexión con los adultos, con mamás y papás, con ancianos y hasta con los niños, pero lo que nos faltaba era esa identidad rockstar que conectara con los jóvenes. Pero las cosas no se pueden forzar, es una regla de lo cool: no puedes decir que eres cool. Tienes que serlo. El Dr. Simi se ganó su estatus de rockstar en los escenarios mexicanos. Y lo hizo en forma de peluche. ¿Pero cómo llegó hasta ahí? Es una historia que me parece muy hermosa.

En febrero de 2005, Cinia González Diez y Antonio Fernández Rodríguez, en compañía de Socorro Alfaro de Morales y la Agrupación Leonesa de Puebla, fundaron CINIA, nombre que es tanto un homenaje a su fundadora como en las siglas de Capacitación Industrial y Artesanal. Me encanta que desde el nombre demuestran una gran creatividad. En ese momento, la empresa constaba de apenas 23 trabajadores, todos jóvenes con discapacidad intelectual.

Nuestro primer contacto con ellos se dio en 2007. Farmacias Similares necesitaba uniformes para nuestro equipo de vendedores y también para las batas de los médicos que atendían los consultorios de Fundación Best. Siempre hemos sido congruentes con nuestros principios y propósito, por ello, buscamos apoyar a empresas que coincidan. Cuando conocimos este proyecto que podía satisfacer la demanda que teníamos y que, además daba empleo a chicos con discapacidad, Farmacias Similares no dudó en formar esta sociedad, que hoy tiene ya 17 años.

Poco tiempo después, se pensó en diseñar un peluche del Dr. Simi. Este tenía simplemente fines corporativos: se regalaba en eventos especiales de la empresa y se tenía como elemento decorativo. Al principio, sólo se hacían unos 200 peluches a la semana y, en realidad, no teníamos mayores expectativas con él. Pero Simi nos demostró su poder para generar cariño en la gente. Muchos de nuestros clientes empezaron a preguntar por el peluche y nuestros equipos en farmacias se dieron cuenta de su potencial para venderlo.

Comenzamos a hacer intentos para posicionarlo entre el público. En un principio, se hizo sólo como una prueba en algunas farmacias; sin embargo, no funcionó muy bien y se vendían muy pocos peluches. Con todo, a fin de cuentas, era una ganancia adicional para CINIA. Por cierto, estos peluches siempre se han vendido al costo. Similares no obtiene ganancia alguna por ellos; su precio es el necesario para que CINIA pague un salario digno a sus empleados y obtengan las ganancias que les permitan mantener sus operaciones.

Con el paso de los años, poco a poco, la gente se fue encariñando con el muñeco y sus ventas aumentaron. Esto, junto con la demanda de uniformes, debido al crecimiento en el número de farmacias de la empresa y a la fabricación de nuestra bolsa ecológica, además de los servicios que comenzaron a dar a otros clientes, le permitió a CINIA emplear a más personas. Gracias a este crecimiento, ya no sólo contaban con colaboradores con discapacidades intelectuales, diversificaron su equipo de manera exponencial.

Comenzaron a emplear también a personas con discapacidades sensoriales y motrices, y tienen un sistema tan bien desarrollado que entienden las fortalezas de sus empleados. Eso les permite colocarlos en las áreas donde mejor se pueden desempeñar y donde más disfruten el realizar sus labores. Además, crecieron su oferta. Ya no sólo se dedican a la producción textil con uniformes y con los peluches Simi, también ofrecen servicios de limpieza, jardinería, acondicionamiento y, recientemente, entraron a la industria automotriz con la fabricación de cableados para coches. Me llena de alegría saber que hemos sido parte del crecimiento de este proyecto tan maravilloso. Gracias a ellos, a este peluche que nos ayudaron a crear, le llegó su momento rockstar al Dr. Simi.

Todo comenzó en el festival Corona Capital 2021, durante la presentación de la cantante noruega Aurora. Fue algo totalmente inesperado para nosotros. De hecho, yo estaba en mi oficina cuando me avisaron lo que había pasado y nos pareció algo maravilloso, aunque no imaginábamos la avalancha que venía.

Este fenómeno tiene nombre: Avril Christelle. La historia es que Avril, una chica de Texcoco, Estado de México, quien en aquel entonces tenía 20 años, llevaba tiempo buscando el peluche Simi porque se lo había visto a uno de sus *youtubers* favoritos y le pareció lindo. Pero no había tenido suerte: siempre estaba agotado en las farmacias. El día del concierto, ya que aún se vivían tiempos de pandemia, decidió ir a una de nuestras farmacias para comprar gel antibacterial y, como si fuera de película, se lo encontró: era el peluche del Dr. Simi y, además, ¡era el último que quedaba!

Los momentos de película no pararon ahí porque, en la entrada del evento, el personal de seguridad tenía la indicación de no permitir el acceso de peluches. Como no quería perderlo tan pronto después de haberlo buscado tanto tiempo, Avril tuvo el ingenio de esconder su peluche al fondo de su mochila. Así el Dr. Simi se pudo colar al festival.

Avril iba, en especial, a ver a una de sus artistas favoritas: Aurora. Durante su presentación, esta cantante le pidió a sus fans que le enviaran al escenario todos los regalos que llevaban para ella. Avril no lo dudó. Una cosa era que le quitaran su Simi en la entrada y otra muy diferente era regalárselo con todo el cariño del mundo a su cantante favorita. Animada por otros fans a su alrededor, comenzó a pasarlo de mano en mano hasta que en un momento Simi saltó por los aires para aterrizar en el escenario. Aurora lo tomó y le dio un pequeño abrazo mientras sonreía conmovida por las muestras de cariño del público mexicano.

Avril Christelle se volvió la madrina de una de las expresiones más curiosas de cariño del público mexicano hacia un artista. Muchos cantantes de todo el mundo le tienen un cariño especial a México porque siempre somos muy cálidos, muy animados y nos emocionamos muchísimo. No tenemos miedo de mostrar nuestro amor por los artistas que nos conmueven y nos llenan de alegría con su arte.

Hay ejemplos de todo tipo: Kraftwerk, una banda legendaria de música electrónica, llegó a comentar que en la mayoría de sus conciertos la gente no tiene grandes reacciones porque su música es de cierta forma muy sutil, pero que siempre disfrutan presentarse en México porque el público está lleno de energía, salta, baila y se emociona. De ahí podemos ir hasta Paul McCartney, quien durante un concierto, en 2023, se sintió tan conmovido por la energía del público mexicano que derramó algunas lágrimas, en varias ocasiones, a lo largo de su presentación. Más tarde, en entrevista, contaría la conmovedora experiencia que vivió en nuestro país.

Los peluches del Dr. Simi se volvieron parte de esta forma tan nuestra de dar cariño, de la facilidad que tenemos para convertir todo en un meme, en un acto comunitario. Toda la gente quiso ser parte de este momento casi accidental y regalar peluches Simi a sus artistas favoritos. ¿Por qué? Pues, ¡por qué no! Lo siguiente que supimos fue que en Monterrey habían aventado otro Simi, después a Coldplay y luego Rosalía tuvo el suyo. De ahí arrancó la tendencia y nos dimos cuenta de que había algo especial, que podíamos aprovechar ese impulso de la gente; a fin de cuentas eran ellos mismos quienes lo hacían posible. El peluche del Dr. Simi se convirtió en un símbolo del cariño que el público mexicano siente por sus artistas favoritos y comenzó a hacerse presente en todo el mundo. Podías saber que entre la audiencia había mexicanos porque aparecía un peluche Simi en el escenario.

Nosotros también nos sumamos porque es un gesto maravilloso que queremos mantener vivo. No sólo es un excelente marketing para nosotros, ya también es sinónimo del público mexicano, del porqué muchísimos artistas de talla mundial aman presentarse en nuestro país.

Hemos llevado a cabo varias actividades con este fin. Lo primero ha sido comunicar la historia de CINIA, porque mucha gente no sabía que los peluches estaban hechos por una compañía cuya plantilla está conformada 90 % por personas con algún tipo de discapacidad. Es algo impresionante y es un modelo único que ayuda a muchas personas que, de otro modo, no tendrían posibilidad de conseguir un trabajo digno. Entonces, al comunicar esto, logramos darle visibilidad a este proyecto para que siga creciendo.

Rosalía con los peluches del Dr. Simi que le regaló el público.

A CINIA ya han llegado medios como CNN, Univisión, *Vice*, *LA Times* y otros nacionales e internacionales para darles cobertura. Yo he dado entrevistas para comunicar lo que hay detrás de la fabricación del peluche y por qué es importante saber que, cuando compras un Simi para aventarlo en un concierto o coleccionarlo, estás ayudando a cientos de personas con discapacidad para que tengan una vida digna.

También hemos realizado acciones ya más directas como la fábrica de los Simi, donde puedes hacer tu propio Simi personalizado. Hemos estado en ferias populares, como la de Aguascalientes y la de León, donde también hicimos un espectáculo de luces con drones, todo para visibilizar este personaje que ya es parte de la cultura mexicana.

También tuvimos un contacto muy especial con Adele. A ella le empezaron a regalar peluches Simi en sus presentaciones y, poco después, le enviamos un mensaje en video para platicarle el trasfondo con CINIA y todo el apoyo que dan a sus trabajadores. Después de enterarse de esto, en su siguiente presentación, hizo una pausa para decirle al público, palabras más, palabras menos: «Ya me enteré de que estos peluches son el Dr. Simi y los fabrican personas con discapacidad, lo cual es bastante hermoso. Por favor, si tienen más Simis, ¡aviéntenmelos!». Adele amó lo que significaba el Dr. Simi y ese es un reconocimiento que yo valoro con todo el corazón.

Tiempo después le pagamos el vuelo, hospedaje, comida, boletos y todo a Arturo y Manuel, dos trabajadores de CINIA, para que fueran a Las Vegas a uno de sus conciertos. Ellos soñaban con conocerla y escucharla en vivo. Nosotros aprovechamos para hacer realidad este sueño y que ellos mismos le entregaran un Simi mediano personalizado en su honor junto con todo su cariño. Este peluche se suma a los 150 que recibió en Las Vegas.

Hemos buscado maneras de echarle más leña al fuego a este fenómeno, de darle más fuerza a esta ola y aprovechar una tendencia que se dio de forma natural e inesperada, pero sumamente divertida. Hemos buscado facilitar los Simis, transmitir lo que hay detrás, que la gente sepa que hay congruencia con nuestros valores, porque, además está hecho con PET reciclado. Es un peluche verde, tan amigable con el ambiente como lo es con la gente.

El impacto que ha tenido Simi en los conciertos es tan grande que, a principios de 2024, tuvimos la oportunidad de contar nuestro propio stand en el festival musical Ceremonia. En él, además de tener botargas bailando, reprodujimos la fábrica de peluches donde la gente pudo personalizar sus Simis; pero en esta ocasión tuvieron la oportunidad de decorarlos de acuerdo con los artistas del evento y aventarlos al escenario o quedárselos. La gente ya lo quiere conservar, ya no es sólo un obsequio para los artistas, anhela tener su propio peluche y verlo con el atuendo de esos artistas.

Fue un éxito rotundo. Se hizo una fila hasta de una hora para conseguir un Simi, nos resultó conmovedor el ver que nuestro personaje recibiera tal muestra de cariño, que fuera casi como un artista más al que la gente iba a ver y estuviera dispuesta a esperar una hora para tenerlo. En varios tuits se habló incluso de que la estrella del festival había sido el Dr. Simi. En su TikTok, algunos seguidores comentaron con mucho humor que su espectáculo había estado más prendido que el de algunos artistas. La picardía mexicana.

Antes del evento, yo estaba más preocupado porque los peluches llegaran a los artistas como se había estado dando en eventos previos, pero después entendí que fue más importante la activación, tener el contacto directo con el público, que ellos se quedaran con este recuerdo que se volvió parte de la experiencia de un festival. A fin de cuentas, es a lo que van las personas a este tipo de eventos: a formar memorias y vivencias que conservarán toda la vida. Poder ser parte de eso es muchísimo más importante. No digo que lo otro no lo sea, pero nada se compara con la experiencia de que la gente llegue y le demuestre todo su cariño a este personaje tan carismático, a este niño de corazón.

Gracias a este cariño, también pudimos desarrollar en la plaza Gran Sur, en Coyoacán, el modelo de Similandia, una tienda especializada en los peluches del Dr. Simi que, además de ser una experiencia inmersiva, también tiene farmacia y consultorio.

Nosotros le llamamos *la farmacia más moderna del mundo* porque tenemos diferentes actividades recreativas, con aparatos de realidad virtual y realidad aumentada, duelos de baile con el Dr. Simi así como otros juegos interesantes y divertidos, todos gratuitos.

Además, hay una tienda muy extensa de souvenirs especiales del Dr. Simi que sólo se pueden encontrar ahí, son ediciones especiales con atuendos y accesorios para los peluches. A diferencia de los tradicionales, tienen un costo mayor para poder mantener la gratuidad de las experiencias en Similandia. Se volvió un modelo muy interesante, divertido y diferente que, afortunadamente, ha funcionado de maravilla. En abril, se inauguró la segunda sucursal en el Centro Histórico de la Ciudad de México, que también tiene un golfito, y para finales de 2024 esperamos contar con seis Similandias.

Estamos saliéndonos de nuestra zona de confort. Es muy curioso que una empresa dedicada a la venta de medicamentos genéricos tenga este tipo de diversificación, que entre a una dinámica de peluches, souvenirs, juegos y atracciones, pero si la gente lo disfruta y se divierte con ello, no hay un verdadero obstáculo para hacerlo realidad. Ya lo he dicho, siempre nos hacemos la pregunta: ¿por qué no? Afortunadamente, nos está yendo muy bien.

A veces pienso que es una extensión del primer paso inspirador que tuvimos con Disney para crear a nuestro propio personaje que conectara con la gente. Ahora este personaje tan carismático ya tiene su propio parque, su propia «landia». Similandia es una tienda insignia, pero también, un parque de atracciones en miniatura que se volvió realidad, gracias a todo el cariño de la gente por el Dr. Simi. Ese cariño nace no sólo porque sea bonachón y alegre, sino porque las personas saben lo que significa y son conscientes de que va más allá de un producto.

Por extraño que parezca, no es el único acercamiento a este tipo de atracciones. También tenemos presencia en Six Flags. Es una pequeña montaña rusa llamada «Tsunami del Dr. Simi», ubicada en la zona Pueblo Polinesio de este parque. Empezó porque nos invitaron a participar en un desfile. Ya estaban los personajes

de las atracciones de Six Flags, como superhéroes y personajes de Looney Tunes, pero los organizadores sentían que hacía falta un personaje mexicano y se pusieron en contacto con nosotros para que se presentara el Dr. Simi.

Inauguración de Similandia.

Mandamos algunas botargas y fue tanto su éxito que la gente prefería tomarse fotos con ellas por ser una novedad. Era curioso ver al Dr. Simi entre Batman, Bugs Bunny, el Coyote y la Mujer Maravilla. Eso nos abrió la puerta y nos llevó a preguntarnos: «¿Qué pasa si adaptamos una montaña rusa, que ya existía en Six Flags, y la transformamos en un paseo del Dr. Simi?» ¿Y qué pasó? Pues que se volvió un éxito. Los Simis en los conciertos, las botargas en desfiles y la montaña rusa. Fueron diferentes señales que nos dijeron: «Ya necesitamos más». Fue ahí cuando comenzamos el proyecto de Similandia. Esperamos que siga creciendo y adaptándose a nuevos formatos para hacerlo todavía más atractivo al público.

Por fortuna, hemos tenido mucho éxito, es una inversión grande porque hay tecnología de última generación para los juegos, se invirtió mucho en el concepto de la tienda, pero fue un acierto.

El Simi peluche ya se encuentra en todos lados, como en Six Flags, porque hay juegos en los que te puedes ganar un Dr. Simi de varios tamaños: chiquito, mediano o grande, como en una feria. Contamos con productos especiales en Similandia. También en Chile está creciendo la demanda. Y las colaboraciones que hemos realizado tienen mucho éxito. Contamos con la de Chespirito para el Simi Chavo, Simi Chapulín Colorado y Simi Chapatín. Ya están los Simi Cantinflas y Simi RBD, y ya cerramos un contrato de colaboración con Disney para hacer al Simi Jedi. Es interesante porque son símbolos que marcaron a varias generaciones, y a todos los une el Dr. Simi.

Incluso hay músicos que se acercan a nosotros para colaborar. Quieren a las botargas en el escenario, ahora quieren ser ellos quienes le avienten el peluche de vuelta a sus fans. Karol G, en su concierto en el Azteca, recibió un Simi personalizado de parte de un fan. Fue la primera artista en recibir un detalle de este tipo y nos hizo varias menciones. Tuvimos la oportunidad de colaborar con Young Miko, una artista de talla internacional, quien en la canción *Fina*, en colaboración con Bad Bunny, otra figura internacional del espectáculo, menciona al Dr. Simi. Colaboramos con ella cuando vino en marzo de 2024 para repartir curitas con un diseño que acompaña una de sus canciones (que justamente se llama *Curita*), y tuve la oportunidad de regalarle unos *sneakers* personalizados del Dr. Simi.

Por este empuje que hemos tenido en la escena musical ya estamos preparando nuestro propio festival, el SimiFest, por una razón: sería sumamente divertido tanto para nosotros como para el público y los ya fans del Dr. Simi. Hay que hacer muchas consideraciones y realizar una planeación enorme para un evento de este tipo, pero sería algo mágico. ¿Por qué no? ¿Por qué no pensar en grande? Ese es el secreto de Simi, atreverse a ser diferente. No hay que seguir a la competencia, hay que ser únicos y disruptivos. Saber distinguirnos.

Gracias a esta capacidad de adaptación, a esta naturaleza bonachona y divertida, a estas ganas de jugar, el personaje ha tenido una evolución mágica. Las botargas ya no son sólo lo tradicional del doctor en las farmacias, acudimos a diversos eventos y entornos

donde diseñamos disfraces para armonizarlo. Este año, el Simisamurái (un símbolo todavía más significativo dentro de la empresa, como lo platiqué antes), estuvo en La Mole, la convención de cómics más grande de México, donde se celebran tanto la cultura del cómic como del ánime. Es genial ver a todos los chicos que hacen *cosplay*, que diseñan y construyen sus propios trajes y disfraces de sus personajes favoritos. Requiere mucha creatividad y es algo con lo que nos identificamos mucho, porque también Simi hace *cosplay* de todo. Entonces, mandamos al Simisamurái para convivir con los chicos.

Es un mar de posibilidades con el que podemos jugar y hacer vínculos con diversas ideas, y que no depende sólo de nosotros, el público explota toda su creatividad de muchas formas. En 2022, descubrimos un video de un fan de la banda alemana Rammstein con el Simiastronauta. Con la edición, el fan agregó una canción en la cual los integrantes de la banda aparecen vestidos de astronautas. Entonces, sin que tengamos directamente una colaboración con la banda, aparece el juego y se forma una identificación positiva con los fans. Es algo que tiene muchísimo alcance porque Till Lindemann, el vocalista de Rammstein, ya posee su propio Simi. La banda utiliza mucho el fuego en sus presentaciones, es uno de sus símbolos, y en sus conciertos en México, en 2022, un fan les lanzó un Simibombero. Días después, Lindemann se tomó unas fotos mientras vacacionaba en las playas de Cancún junto a su peluche Simi. Es maravilloso ver el alcance que puedes lograr cuando te diviertes; es muy gracioso porque hasta que no lo ves, no te imaginas que una banda de metal industrial con una estética tan dura también tenga un huequito suavecito en su corazón para el Dr. Simi.

Siempre es impredecible lo que se volverá viral. En 2023, se viralizó un volante con información de lo que gana un botarguero Simi y la gente se sorprendió por todo lo que ofrece el puesto. Es una realidad muy triste, pero algunos profesionistas descubrieron que una botarga de Similares gana más y tiene mejores prestaciones que muchos de ellos. Pero siempre creo que es mejor ver lo positivo dentro de lo negativo. Acciones como esta pueden iniciar una transformación del entorno laboral y construir una competencia benéfica por ofrecer mejores condiciones a todos los trabajadores en cualquier área. Tanto las botargas como nuestro equipo de vendedores son la primera línea de contacto con la gente, son la base que permite todo el funcionamiento de la empresa. Para las personas es muy grato saber que en estos niveles básicos existen buenas condiciones laborales. Ellos también forman parte de este grupo de guerreros, no tienen contratos externos ni tercerizados, son parte de nuestra cultura de guerreros de luz, entran en el sistema del Simisamurái, tienen acceso gratuito a nutriólogos, a psicólogos, a médicos, y también por eso la gente siempre los nota tan motivados.

Como son parte de la empresa tienen las mismas oportunidades de crecimiento que todos. Si lo desean y tienen las posibilidades, pueden pasar a trabajar como auxiliares de farmacia, cajeros o vendedores y, con el tiempo, gracias a su esfuerzo, obtienen otras oportunidades y ofrecemos la capacitación necesaria para que puedan aprovecharlas al máximo.

Existe un fenómeno muy curioso que me sorprende y, a la vez, me parece muy bello. Muchas de las personas que se encargan de dar vida al Dr. Simi no quieren cambiar de puesto porque les gusta lo que hacen, disfrutan del contacto con la gente, la conexión con el público, hacerlos felices. Además, al ser una actividad física, es algo que los llena, son personas activas, y lo disfrutan muchísimo. Es un poco como ser un actor. Hay muchos actores que más adelante en sus carreras se convierten en directores o incluso productores, pero rara vez dejan de ser actores porque lo que realmente disfrutan es dar vida a personajes. Algo parecido ocurre con los botargueros. Ellos disfrutan de la actividad, de bailar, de estar en contacto con la gente, de divertir a los demás, y cuando, además, reciben un buen sueldo por lo que hacen y todas las prestaciones para tener una vida digna, lo quieren seguir haciendo. A fin de cuentas, la gente no hace las cosas por codicia, el sistema en el que vivimos nos lleva a creer que el objetivo es ganar más y más y más, y no es así. Hay muchísimas personas felices con lo que hacen; sus metas de vida pueden ser muy sencillas, pero eso no tiene nada de malo. Al contrario, la gente se siente satisfecha. Y si, aparte, con esa actividad pueden tener una buena calidad de vida, el exceso material se vuelve superfluo.

Lo que ellos quieren es más de lo espiritual, más contacto con la gente, llevar más alegría a las personas. Para nada significa crear una cultura conformista, sólo es entender que cada persona es diferente y cada individuo tiene metas y pasiones diferentes. Todos entendemos la felicidad y el éxito de modos distintos. Recibir el cariño y afecto de la gente los llena de motivación. Cuando los niños los abrazan, cuando los jóvenes quieren bailar con ellos, cuando los adultos mayores se quieren tomar fotos a su lado, todo este cariño que recibe el personaje se transmite a ellos, se transforman en el personaje, lo viven, y es una experiencia muy bella. Es una enorme motivación.

Para mí, los botargueros han sido un ejemplo enorme. Esta cultura que he querido impregnar en la empresa es como una ola. He tratado de ser un ejemplo para todos en la organización y, con ello, comencé la ola de motivación, pero ahora esa ola viene de regreso. Me inspira muchísimo ver que las personas, desde estas primeras líneas de contacto con el público, están completamente comprometidas y dan esfuerzos impresionantes. Eso me motiva y me mueve a seguir dando más, a aumentar el esfuerzo y a seguirles el paso. Me gusta rodearme de gente que se esfuerza al máximo, capaz de cosas que yo no puedo hacer para motivarme a alcanzarlos. Cada vez que veo la energía de nuestros botargueros, no puedo evitar pensar en que me tengo que poner las pilas, o me van a dejar atrás. Son mis ejemplos.

Los símbolos son muy poderosos y, sin temor a equivocarme, el Dr. Simi se ha convertido en un símbolo, gracias al público porque siempre ha existido para servir a la gente.

El personaje surgió por un deseo de conectar con las personas de todas las edades. El peluche nació en una empresa poblana llamada CINIA, que hoy emplea a casi 700 personas, 90 %, con algún tipo de discapacidad sensorial, motriz, intelectual y psicosocial. Está hecho con materiales amigables con el ambiente y, por ende, también apoya las causas ambientales.

Su transformación en un símbolo del amor del público mexicano hacia sus artistas favoritos nació gracias a una chica que tuvo la sincronía de encontrar el peluche que estaba buscando el mismo día que vería a una de sus cantantes favoritas. Adele nos ayudó a difundir todas estas acciones positivas tan pronto se enteró de lo que representaba el peluche.

Cuando tanto los artistas como el público se dieron cuenta de que hay una visión, de que existe un propósito detrás de este personaje, congruente con valores positivos y una meta de generar una sociedad mejor, lo transformaron en un símbolo más grande de lo que nosotros pudimos haber hecho por cuenta propia.

El peluche y las botargas son el epítome de lo que somos. Por eso es un símbolo tan poderoso y ha llegado tan lejos. El Dr. Simi ya es un símbolo mundial, hay artistas y personajes internacionales que tienen el peluche, como el presidente de Colombia y hasta el Papa. Se ha vuelto una semilla que, al nutrirla, genera un cambio enorme en la conciencia de las personas.

Hasta finales de marzo de 2024, en la fábrica CINIA se habían producido dos millones de peluches. ¡Una barbaridad! Y no hay señales de que esto vaya a parar pronto. Durante la celebración por el peluche dos millones, los trabajadores me regalaron una nota donde explicaban que cuando los peluches se comenzaron a vender elaboraban 128 en un mes. Hoy, son 128 ¡cada media hora! De ser una fábrica pequeña, con apenas 23 trabajadores, hoy están trabajando cerca de 700 personas. No hay palabras que puedan expresar lo que eso significa para nosotros.

Todo el cariño que recibimos de la gente, de los trabajadores de CINIA y también de los colaboradores del grupo; todo el apapacho que se da a las botargas y lo bienvenidos que se sienten en los eventos a los que acudimos; las invitaciones a colaborar con diferentes marcas y personalidades; todo ello me reafirma que hay un enorme valor humano en lo que hacemos. Eso es algo que no se puede comprar.

Ninguna estrategia de marketing puede producir esta respuesta de cariño y de amor si no hay un compromiso humano detrás de ella. Es un reflejo de los cambios positivos que hemos generado con el tiempo y que son cada vez más grandes y visibles para todo mundo. Estos sentimientos inigualables de orgullo y alegría que siento al escribir de todo esto son los mismos que sienten los botargueros, los vendedores en farmacias, los trabajadores de CINIA, los colaboradores en nuestras fundaciones y todos los involucrados en lo que hacemos cada día.

No sólo tienen mejores condiciones de vida y un trabajo digno, sino que son conscientes de que forman parte de un movimiento que produce bienestar para muchísimas personas. Se ha convertido en una luz para marcar el camino hacia un cambio en la sociedad. Esto es visible incluso en los casos más extremos.

Hay una historia que es un claroscuro, pero refleja el poder de las buenas acciones para generar un cambio positivo. Hace no mucho tiempo, hubo una situación en la que un promotor de Similares tuvo un encuentro con un grupo de criminales. Fue una situación muy delicada porque su vida pudo estar en peligro: una de estas personas se dio cuenta de que el promotor traía medicinas y entre ellas vio la cara del Dr. Simi. Le preguntó por eso y cuando les dijo que trabajaba para Farmacias Similares, lo dejaron ir sin hacerle daño.

Somos conscientes de que hay problemáticas muy profundas en nuestra sociedad, situaciones muy complejas que no tienen una respuesta sencilla. Pero, en ocasiones, las expresiones oscuras de la sociedad no surgen de una malicia natural, sino de un sistema que descuida lo humano. Cuando este lado humano se devuelve al centro del escenario social y se vuelve en el núcleo de tus acciones, ocurre una transmutación.

Quiero pensar que en esta situación el rostro del Dr. Simi tuvo un impacto en estas personas y les recordó la bondad que hay en todos, que se encendió una luz dentro de ellos, por pequeña que fuera. Esta luz puede crecer y expandirse si todos nos unimos para recuperar el enfoque humano en cada una de nuestras acciones. La luz siempre será más fuerte que la oscuridad.

El fuego no necesariamente debe combatirse con fuego. Los cambios profundos para devolverle la humanidad al sistema en el que vivimos y restituir el sentido de comunidad a las personas, hacen que la bondad y la felicidad crezcan y lleguen a más gente.

La redención está al alcance de todos. Me gusta pensar que nuestro impacto es tan grande que puede iniciar una transformación todavía más profunda de la sociedad que nos una, no sólo como seres humanos, sino como seres vivos, donde también incluyamos a quienes no tienen voz, al entorno natural.

La del Dr. Simi es una historia hecha de muchas historias. Algunas se cuentan solas, otras nos gusta explicarlas porque visibilizan grandes labores humanas. Y hay algunas más que simplemente ocurren en el día a día.

Hace poco, mientras ya trabajaba en este libro, me tocó ver justo lo que significa el Dr. Simi. Uno de nuestros equipos de publicidad grababa un video con algunas botargas bailando para TikTok. Por mera coincidencia, en el lado opuesto de la calle, había una de nuestras farmacias donde trabaja un chico con síndrome de Down. En cuanto las botargas empezaron a bailar con la música de fondo para el video, a este muchacho se le iluminó la cara y comenzó a moverse lleno de alegría. Este momento es la fotografía de un cachito de la realidad que generamos, y queremos transmitirla a tanta gente como sea posible.

CLAVES SIMISAMURÁI

- Mide a detalle y en equipo cómo ocupar a favor acciones que orgánicamente suceden.
- Sé consciente de que no todos actúan con empatía y respeto, pero eso no debe cambiar tu rumbo.
- Con tu competencia inicial puedes crear alianzas que impulsen tu proyecto.
- Busca el enfoque positivo en la situación que enfrentas.
- Procura sumar a tu equipo talento joven para conocer otras ideas y formas de ver el mundo.
- Cuando ofreces tratos justos de trabajo, la recompensa será mayor en más áreas que sólo en la económica.
- Sal de tu zona de confort y piensa en grande.
- La luz siempre será más fuerte que la oscuridad.

7

Luchar y divertirse

Desde que comenzó, la empresa veía claro que tener presencia en medios es fundamental. Simi había empezado a brotar en pósteres y volantes, en espectaculares, salía en la televisión en spots a lo largo del día en canales nacionales muy importantes y también porducía sus propios programas. Pero desde esos primeros años me daba cuenta de que algo faltaba. En aquel entonces empezaba a ver la luz del día un fenómeno en internet con sitios como MySpace o Hi5, sitios digitales donde podías compartir tus gustos, tu música y tus fotos. Pero tenía potencial de ser algo más que un pasatiempo. Era el futuro en todos sentidos.

Algunos años más tarde abordamos las redes sociales y creamos cuentas en Facebook y YouTube, pero sólo había una persona encargada de llevarlas. Era lo más básico. Seguía siendo publicidad tradicional, sólo que en redes sociales. Por ahí de 2012 o 2013, tuve la oportunidad de crear el área de Marketing Digital, algo que me llamaba mucho la atención y que ya había tenido la oportunidad de explorar en algunas de mis clases en la universidad. Contraté a un grupo de especialistas que me ayudaran a desarrollar nuevas estrategias, pero lo tradicional siguió siendo la norma por varios años más.

Además, presenté el concepto del programa de televisión *Vivir Mejor*, mi aportación a este tipo de emisiones. La finalidad: proporcionar herramientas para llevar un estilo de vida más sano, con recetas de cocina, rutinas de ejercicio, con temas de salud mental y familiar. En general, un contenido para elevar la calidad de vida. Este programa comenzó antes de que tomara las riendas de la empresa, pero desde entonces fue algo que me gustó mucho, y ahora también se puede ver en YouTube junto con toda nuestra programación en el canal Simi Televisión.

También se desarrolló *Siminforma*, un periódico para transmitir buenas noticias, no sólo de la empresa, sino de todo el mundo, y la SimiRadio que se transmite por internet y tiene, en promedio mensual, más de 190 000 ciberescuchas en México, Estados Unidos y otros países. La cabina se encuentra en nuestro corporativo, transmite programas como *El buen lunes merolico, Iron Simi y La hora feliz del Dr. Simi*. Cuenta con excelentes locutores como Edith Juárez, Jesús Molina, Brenda Mendoza y Pedro «Perico» Díaz, además de poner muy buena música.

Para 2019, nuestra presencia en medios ya estaba más que consolidada. Es una versatilidad que siempre que lo pienso, me deja impresionado. Por todos lados estaba Simi. Este repertorio de comunicación se fue armando como un rompecabezas, pero todavía faltaban algunas piezas. Curiosamente, el rompecabezas se completó durante un momento de crisis: la pandemia de 2020.

Como a todos en el mundo, la pandemia nos tomó de manera inesperada. En el momento en el que se declaró la cuarentena (al igual que todos, esperábamos que sólo durara un par de semanas), ya teníamos una inversión fuerte en espectaculares, pero las calles se quedaron casi desiertas por buen tiempo. Nadie veía ese material, nadie compraba revistas u otros materiales impresos donde había publicidad contratada. Teníamos listos muchísimos volantes que nadie iba a recibir porque la gente estaba en su casa, y nuestro personal no podía estar en las calles por protección contra el contagio. Tuvimos que cambiar la forma de pensar para encontrarle una solución a este problema.

La hallamos observándonos a nosotros mismos. ¿Qué hacíamos todos cuando no estábamos trabajando, y no había mucho por hacer al estar encerrados? Estábamos con el celular todo el día. La respuesta era obvia. Teníamos que enfocarnos en eso que todavía nos faltaba por explotar 100 %: las redes sociales. En esos años, TikTok comenzó a subir como la espuma, al principio de la pandemia todavía se le consideraba una red para niños o jóvenes, para hacer bailes e imitar audios, pero rápidamente se fue diversificando el contenido. Creo que también les ayudó muchísimo la pandemia, además de ser un concepto muy atractivo. Era una red en la que todavía no teníamos presencia y era la ventana más clara de oportunidad.

De acuerdo con una creencia popular, en chino la palabra *crisis* también significa *oportunidad*. Aunque esto no es del todo verdad, sí se pueden generar grandes opciones. La crisis de la pandemia nos impidió continuar el trabajo que estábamos haciendo en cuanto a la publicidad tradicional, pero, al mismo tiempo, generó una gran oportunidad para redireccionar las estrategias de marketing. Siempre es importante mantenerse actualizado y adaptarse a las nuevas realidades del mundo. Esta capacidad es una cualidad indispensable para la supervivencia y, en este caso, esta debía ser en el sentido de los nuevos medios digitales.

En ese momento en el que no había forma de alcanzar al público con espectaculares o volantes, y que TikTok estaba teniendo un ascenso meteórico, decidimos abrir cuentas en esa red social. Primero, la del Dr. Simi y le empezamos a invertir muchísimo más del presupuesto porque dejamos de hacerlo en lo que no se veía en ese momento de crisis. Pero no basta con abrir un perfil, cada medio tiene su propio lenguaje y sistema, y si había algo que sobraba en esta red social, era la creatividad. Al Dr. Simi tenía que explotarle todavía más la creatividad para hablar el mismo lenguaje de los jóvenes y conectar con ellos.

El Dr. Simi es siempre nuestra arma secreta no tan secreta. Es una figura que nadie tiene y posee un poder enorme para conectar con lo humano. A partir de ese momento, comenzamos a contratar jóvenes especializados en creación de contenido, para que nos ayudaran a manejar las redes y explotarlas con campañas divertidas, adaptadas al lenguaje de los jóvenes. Aunque el Dr. Simi es un éxito asegurado (dondequiera que ha llegado, ha tenido éxito), me gusta arriesgarme a dar siempre un paso más.

Una pregunta me empezó a dar vueltas en la cabeza: ¿qué pasaría si yo también me vuelvo un vocero de la empresa? Esa idea nunca se fue y, por fortuna, tuve la oportunidad de llegar a la presidencia del grupo a finales de 2022. En cuanto tomé las riendas, tuve la libertad de ejecutar esta idea. Comenzamos a trabajar con el mismo *community manager* que ya llevaba las redes existentes y tenía experiencia posicionando al Dr. Simi en el mundo de los microvideos.

Tuvimos algunas ideas de cómo presentarme como el CEO de la empresa, comenzar a posicionarme, mostrar que soy un líder que guía con el ejemplo. Tuvieron un éxito moderado, pero mi momento *rockstar* llegó de la mano de una cartita a los Reyes Magos que se extravió en el camino y, por azares del destino, llegó a mi oficina. Era la carta de Karla y Marianita, dos niñas de Valle de Chalco. Quería hacer algo especial para ellas y en ese momento se me prendió el foco de que podía ir un paso más allá. ¿Por qué no hacer algo especial para más niños?

Así se me ocurrió esta idea loca de vestirme con un traje de piloto aviador, subirme a un helicóptero y lanzar peluches Simi en paracaídas hacia un grupo de más de doscientos niños de Chalco que habíamos invitado para celebrarles un Día de Reyes atrasado. Reunimos al grupo en una cancha de futbol, despegamos y los Simi empezaron a llover. La verdad, fue divertidísimo. Hicimos un par de videos sobre este evento y hasta la fecha es de las acciones que más he disfrutado realizar porque todo parecía surreal: los peluches cayendo en paracaídas, niños, botargas y animadores corriendo detrás del helicóptero, payasos levantando los Simi. Todo era sonrisas, todo era alegría.

Antes de este momento, ya había tenido contactos con medios y dado algunas entrevistas, pero mi participación en las notas era: «Apareció un Simi gigante pintado en una colonia de Ecatepec y para saber más hablamos con un tal vicepresidente que trabaja en Similares». Yo era un elemento secundario, y estaba bien, porque, de verdad, la nota siempre son las acciones que realizamos, eso es lo que debe llegar a la gente. Fue a partir de la publicación de estos videos, de este acto chiquito que la gente y los medios se empezaron a preguntar: «¿Y este cuate quién es? ¿Quién es el presidente de Farmacias Similares? ¿Quién es el tal Víctor González Herrera? ¿Qué tipo de persona es? ¿Por qué lanzo peluches de Simi a niños desde un helicóptero?».

A partir de ese día, me volví realmente la cara de la empresa. Ya no sólo era reconocido el Dr. Simi; hice equipo con él y ahora, gracias a eso, hubo una persona de carne y hueso con quien la gente pudo formar una conexión genuina. Con esta acción llegaron vínculos importantes y momentos muy padres. La noticia de este evento chiquito, que sólo tenía la intención de ser un momento divertido para convivir con niños que viven en una zona desprotegida, darles un rato entretenido y muchas sonrisas, llegó hasta el Fondo de las Naciones Unidad para la Infancia (Unicef).

Después de que esta acción se volvió viral y se hicieron notas al respecto en varios medios, Unicef me contactó y, en poco tiempo, me convertí en integrante del Consejo Internacional de ese organismo; una comunidad global de más de 130 filántropos en favor de la niñez, con un programa con el que contribuimos a garantizar el acceso a los servicios de agua, saneamiento e higiene en centros educativos seleccionados de Nuevo León. Me convertí en el segundo latinoamericano en formar parte de este consejo, y el más joven de la historia. Es un honor gigantesco. Y todo salió de unos tiktoks para divertirnos con una acción chiquita que se sumara a las grandes que hacemos todos los días.

Gracias a estas acciones también se acercaron a nosotros el presidente y el cónsul de Colombia en México, y ya estamos en el mercado en ese país sudamericano. Creo que se ha vuelto una buena plataforma para conectar no sólo con el público, con los jóvenes, sino también con diferentes actores fundamentales para que la organización tenga un mayor alcance e impacto en todo el mundo.

Este video fue un parteaguas. La verdad es que no me esperaba todo lo que pasó a partir de ese momento. Justo en la oficina tengo un Simi que me regalaron personalizado como me vestí ese día, con su trajecito de piloto y sus lentes de sol porque, en conjunto, los dos videos de ese día alcanzaron más de 14 millones de reproducciones y más de 2 millones de *likes*. Son de los videos más exitosos de mi canal hasta el momento en que escribo estas líneas.

De ahí se abrió mucho campo y me dio mucho reconocimiento porque nos arriesgamos a hacer algo diferente y que llama la atención hacia las causas que apoyamos y los programas socioecológicos que llevamos a cabo, ya no sólo como marca farmacéutica. Requirió valor, es algo a lo que no estaba acostumbrado, tuve que salir de mi zona de confort para comenzar a hacer este tipo de cosas: ponerme un disfraz de paletero y regalar paletas en el Centro Histórico de la capital, vestirme de James Bond y saltar en paracaídas, ponerme un traje de charro, hablar y actuar frente a una cámara.

Pero es el tipo de liderazgo que me gusta. Disfruto ser disruptivo, dinámico, no sólo dedicarme a mantener el paso de una empresa, sino arriesgarme e intentar cosas nuevas. En algunos casos, esas cosas que parecen totalmente inconexas con nuestro negocio, pero a fin de cuentas aportan porque dan visibilidad a un movimiento benéfico. Son acciones divertidas que hacen ruido, pero es un ruido con propósito. Llamamos la atención con cosas que a la gente le hacen gracia, con memes, con tendencias, y eso permite que más personas de todos los ámbitos se sumen a nuestras acciones y comiencen las suyas. Es un medio que nos permite transmitir nuestro propósito.

Lo que yo hago es ser un vocero de la empresa y contar la historia de todo lo que hacemos y lo que planeamos hacer; complementar el trabajo que ya hace el Dr. Simi desde hace muchísimos años, y potenciar todo lo que logra con su personalidad, la cual, con su estilo propio, es afín a la mía: somos humildes, nos arremangamos para hacer labores directamente, ponemos el ejemplo, pero principalmente comunicamos todas las acciones positivas que hace Grupo Por Un País Mejor.

Las redes sociales se volvieron una herramienta perfecta para lograr esa difusión. Siempre hicimos mucho, desde el principio hubo fundaciones que ayudaron a la sociedad, pero no se logró tener una comunicación real para difundirlo. Lo que hacía falta y que pudimos lograr, gracias a esta dinámica fresca y creativa, era comunicarlo de manera diferente, divertida y hasta graciosa. Comunicarlo en el lenguaje de los jóvenes. Hoy, en conjunto con el Dr. Simi y la Fundación SíMiPlaneta, tenemos más de 11 millones 650 000 seguidores. Es un exitazo. Son millones de personas que descubren lo que hacemos, que comparten nuestros valores y se suman a las acciones.

La intención de este proyecto en redes es comunicar y conectar. Y se logra de dos modos. El primero, es la diversión. La gente en redes sociales ama divertirse, con memes, con tendencias, con momentos chistosos inesperados, con producciones creativas. El Simi volando por los escenarios de los conciertos se volvió un fenómeno, gracias a que se viralizó en redes y a la gente le pareció algo sumamente divertido y se quiso sumar. Se debe aprovechar el poder que tiene la diversión para unir a la gente.

Pero también es importante transmitir lo que se hace, mostrar el efecto real que tenemos en las personas, en el ambiente, la participación de todas las comunidades que nos apoyan en reforestaciones, que acuden a las Simicarreras con causa. Ese es el segundo punto que conforma nuestras redes. Nuestro público llega por las risas y se queda por las causas. La gente disfruta las buenas causas, los momentos bellos que ocurren todos los días en el mundo. He aprendido que hay algo en TikTok, se llama *hopecore*, pequeñas compilaciones de videos de momentos positivos, de gente que vuelve a casa después de mucho tiempo y sus familias los reciben con amor, de gente realizando actos de bondad desinteresada sólo porque desean hacerlo, de niños siendo felices. Me gusta saber que formamos parte de esa esperanza en un mundo mejor, con todavía más amor y más bondad.

No fue algo fácil para mí, la verdad, fue un reto y creo que eso también ayudó a que tuviera tanto éxito. Me gusta enfrentar los desafíos y no sólo cumplirlos, sino encontrar el modo de hacerlo de la mejor manera posible. Y me ha ayudado muchísimo a practicar cuando hablo en público en diferentes foros, a ser más desenvuelto con la gente, porque también al ser un personaje público te empiezan a llegar entrevistas, invitaciones a programas; el público te reconoce más. Yo no le digo *no* a los retos; si es una buena idea, no me opongo. Aunque sea algo que nunca haya intentado, me la rifo.

El poder que tiene el Dr. Simi en redes es que como un personaje muy atractivo: divertido, gracioso y un símbolo. El poder que tengo es que soy la cara de la empresa y soy congruente con la misión. No sólo la dirijo, comparto sus valores y tenemos el mismo principio máximo. Somos una extensión el uno del otro y, al darle un rostro a esta organización, la gente ve con más claridad que estas acciones son reales, genuinas. No surgen de un marketing vacío, sino de personas como yo y los que trabajamos aquí, que sentimos profundamente nuestros valores, que somos auténticos en nuestras metas. Nos importa realmente.

Gracias a toda esta viralización, los proyectos divertidos no dejan de llegar. Ya he hecho dos *reality shows*. El primero fue *Estás contratado*, en TikTok, para encontrar al mejor creador de contenido, con el apoyo de personajes establecidos en las redes sociales. Esta idea surgió en pláticas con una empresa de marketing; es un gol que no me puedo achacar solamente yo. Fue un concepto que nació de un conjunto de personas y, así, en conjunto, logramos gran éxito. Queríamos explotar las redes como lo habíamos hecho en su momento con los programas de televisión, generando un formato, pero queríamos algo más original, algo que, hasta donde sé, no se había intentado antes. Estuvimos pensado de modo que creciera de manera exponencial y que, aun siendo un concepto externo a este medio, como lo es el *reality show*, toda la construcción girara en torno del ambiente de las redes sociales. Y, siempre, comunicando un mensaje positivo.

Pudimos contar con el Capi Pérez, un personajazo con un gran carisma para la conducción y muchísimos seguidores entre el público mexicano. También tuvimos la participación de personalidades muy simpáticas que le dieron un toque todavía más divertido: Paco de Miguel, Chingu Amiga, Daniela Rodrice y Chucho, un chiquillo que se volvió viral cuando lo atraparon en el patio de su casa cantando con todo el sentimiento *Castillos* de Amanda Miguel.

En conjunto con todos ellos se logró un atractivo enorme. Y, además, al final del *reality* premiamos a alguien, se recompensó el talento, y se le contrató para formar parte del equipo que justamente se dedica realizar estas producciones en redes. Nuestro ganador fue Eder Emerson, un joven con un aptitud magistral para la producción. Además, se llevó a casa un millón de pesos.

Ese es el secreto: formar una comunidad que se quiere divertir mientras hacen algo bueno, y que ese beneficio sea circular, que ese éxito se dé en conjunto con quienes lo hicieron posible y con la persona que ahora forma parte de nuestro equipo y comparte nuestro éxito. Es una manera muy buena de conseguir talento, premiarlo e impulsarlo. Y gracias a esa fórmula, los seis episodios de *Estás contratado* tuvieron en conjunto más de 70 millones de vistas.

El segundo *reality* fue *Enchúlame el changarro* de Martha Debayle, donde participé como jurado y asesor, con el propósito de ayudar a emprendedores a alcanzar el éxito con sus propuestas. Fue una experiencia muy divertida, donde también pude compartir mi experiencia como empresario. Al final, el ganador de la edición 2024, donde participé, fue Alonso Martínez, con la marca Frutevia, una gelatina vegana, saludable y sin azúcar, a base de algas rojas, goma guar y pectina, todos, ingredientes de origen vegetal.

Y el tercer *reality*, gracias a una invitación especial. Ahora la gente me ve en sus pantallas participando en *Shark Tank*. Es otro reto que acepté con gusto y vamos a ver qué rutas se abren con ello.

Esa es la clave. Atrevernos, arriesgarnos a levantar la voz, hacer cosas nuevas y divertirnos mientras lo hacemos. Todos estos proyectos son un modo de posicionar esta nueva manera de hacer negocios, de impulsar al talento joven, de motivar a los mexicanos a emprender, pero también con un propósito superior. Es una muy buena plataforma.

La viralización y la diversión al comunicar nos han permitido ser una empresa más cercana a la gente. Al darle una cara al CEO, el componente humano toma el centro del escenario y se facilita el contacto con la sociedad. La gente se siente parte de ello, la conexión se humaniza porque no estás conectando con una empresa o una marca, lo estás con personas que comparten tus valores.

Lanzan peluches desde un helicóptero a los niños del Valle de Chalco.

Aunque no fue reto sencillo, me gusta. Siempre he disfrutado tener ese contacto con la gente, me llena. También soy un ave con un ala material y una espiritual. Estar cerca de la gente para ayudarla de la mejor forma posible, es como alimento para el aspecto espiritual. Creo mucho en el poder del ejemplo. No puedo pedir que seamos una empresa congruente si yo no lo soy. Utilizo las redes como una herramienta para comunicar lo que estamos haciendo y generar inspiración en otras personas.

Tengo la meta de inspirar a los jóvenes porque en el futuro ellos tendrán la responsabilidad de perpetuar estas acciones. La gran mayoría de ellos ya lo han aceptado así en el presente y, ya sea de la mano con nosotros o por cuenta propia, se involucran profundamente en crear un mundo mejor. Pero también en la gente mayor, en quienes ya se encuentran en posiciones privilegiadas que les permiten ser agentes de cambio. Porque si no actuamos desde ahora, le arrebatamos a los jóvenes la posibilidad de actuar.

Quienes ya estamos aquí también debemos entender esa responsabilidad y no delegarla a quienes llegarán más adelante.

Ya veo muchas de estas actitudes responsables, y me gusta mucho que así sea. No mucho tiempo atrás, se acercó a nosotros la empresa Bafar, para decirnos que les gustaría colaborar con la formación de una Colonia Simi en Chihuahua y que ellos pondrían la mitad del presupuesto. A mí me pareció algo increíble, porque es una clara señal del cambio. Ya se empiezan a ver empresas que quieren entrarle a esta dinámica donde todos ganan. Ese es el objetivo, lograr transmitir el mensaje, que más personas se sumen al propósito. Que más jóvenes vean que es posible tener empresas conscientes, que la conciencia es una pieza fundamental del éxito y que, en el futuro, cuando a ellos les toque tomar las decisiones, tengan los cimientos para conducirse del mismo modo.

Esto no sólo es divertido, también ayuda a mejorar a la sociedad, a proteger el ambiente, es el ejemplo. Ser un empresario que gana dinero, pero que también paga 100 % sus impuestos, que ayuda a comunidades desprotegidas, que fomenta programas ambientales y que con todo eso se divierte porque la gente lo ve y se suma. Está *cool* saber que pensar en los demás y realizar acciones en beneficio de todos no significa un martirio, no es difícil. Por el contrario, cuando se vuelve tu propósito, cuando es algo que haces no porque *tengas* que hacerlo, sino porque *quieres* hacerlo, porque es parte de lo que eres, llegas a disfrutarlo y te puedes divertir muchísimo con ello. Las malas acciones te aíslan, las buenas generan comunidad. Divertirte, ayudar y ganar para poder seguir ayudando y seguir divirtiéndote es una fórmula muy positiva. Es un nuevo modelo empresarial.

Muchas veces pasa que hay compañías muy anónimas, donde un CEO o un presidente no es muy público, y aunque tengan acciones positivas, como público no puedes estar tan seguro de que sean genuinas porque no existe el contacto necesario con las personas que lo conforman. Cuando hay ese vínculo y ves que las personas que integran la organización, de verdad, están comprometidas, que quienes toman las decisiones no lo hacen sólo para ganar dinero, sino como un movimiento en beneficio de la sociedad, se genera una conexión más profunda. No siempre es fácil entrarle a estas dinámicas, a mí me ha costado muchísimo (aunque lo he disfrutado todavía más), pero hay un gran valor en enfrentar esos retos y convertirte en el rostro de lo que haces.

Ya había un primer acercamiento a este estilo de empresario con ejemplos, como Elon Musk o sir Richard Branson, considerados millonarios excéntricos por las actividades que realizan más allá de sus entornos empresariales. Pero a estas expresiones de «excentricidad» les faltaba algo, no tenían el elemento del compromiso social, eso quedaba en segundo plano o no se tomaba en cuenta. Elon Musk es una personalidad que tiene demasiada presencia en redes, al grado que se hizo de su propia red social, compró Twitter y la transformó en X, y algunos de sus proyectos como Tesla cuentan con cierto aspecto ambiental, pero, a fin de cuentas, no tienen como objetivo principal el apoyo a la gente. Los beneficios son más bien secundarios al negocio y no parte integral de su modelo.

Sir Richard Branson es una persona que admiro mucho porque posee ese tipo de personalidad dinámica y arriesgada que me gusta como director de una empresa. He leído algunos de sus libros, e incluso HBO hizo una serie documental sobre su vida, *Branson: aventuras de un millonario*. Ha tenido una vida muy interesante: ha saltado en paracaídas desde helicópteros y aviones; cruzó el Atlántico desde el continente europeo hasta Estados Unidos en una lancha veloz en apenas tres días, ocho horas y 31 minutos; en 1987, se convirtió en la primera persona en atravesar el mismo océano en un globo aerostático y tiene el récord Guinness junto a su marca por esta hazaña. Ha hecho bastantes locuras, sin duda, pero estas acciones, al final, carecían de un propósito superior. Es lo que yo marco como mi diferenciador. Me gustaría ver cada vez más actores sociales, no sólo empresarios, sino políticos, *influencers*, creadores de contenido, todo. Tener una actitud positiva ante los riesgos es lo que motivó esta transición hacia las redes sociales.

Pero todos los que hemos estado en redes descubrimos, tarde o temprano, que son una jungla. Por fortuna, no hemos tenido ningún momento verdaderamente desagradable, y creo que eso se debe a cuatro factores: *1)* contamos con un equipo de marketing digital inteligente, con muchísima experiencia en lo que hace, *2)* somos una empresa que desde su modelo de negocios hasta sus acciones socioambientales es positiva, con metas benéficas, *3)* ni la empresa ni yo tenemos nada que esconder; como se dice, no hay esqueletos en el armario, es más, no hay armario. Lo que mostramos en nuestras redes sociales es lo que somos, y *4)* gracias a la naturaleza de lo que hacemos, hemos conformado colaboraciones con gente también muy positiva.

Desde luego, eso no ha impedido algunas reacciones negativas, pero es parte natural de las redes y un efecto ineludible por las distintas perspectivas de cada uno. Cuando logramos la audiencia con el papa Francisco la mayoría de las reacciones fueron positivas, pero hay gente que no es muy afecta de la Iglesia católica, y este encuentro les molestó. Es algo válido por completo, todo mundo tiene derecho a opinar de acuerdo con su propio criterio y expresarlo. Pero, a fin de cuentas, la gran mayoría de respuestas que recibimos fueron positivas. Más allá de esto, el beneficio a la sociedad es siempre un objetivo por el que vale la pena arriesgarse, pese a la crítica.

Ahí radica el poder de ser genuino, auténtico y congruente. Es muy fácil que algo se derrumbe si no se hace con autenticidad, si es fingido, y más cuando se presenta al público en un foro democrático donde todas las voces tienen peso, como lo son las redes sociales. Eso es algo que nos blinda. Simi tiene su armadura de samurái que lo protege de los ataques porque es congruente. Yo me muestro tal cual soy, eso ha sido muy fácil de lograr porque soy una persona a la que le gusta el contacto humano, que le gusta hacer el bien por los demás y divertirse al lado de la gente. Las personas reciben el contenido que generamos con mucho cariño, es algo que he notado desde el principio y tiene todo que ver con que pueden percibir que nuestras acciones vienen de un propósito que sentimos desde el corazón. No es sólo una pretensión o una puesta en escena.

Lo que realizamos, sea en redes o en cualquier otro ámbito, tiene la finalidad de hacer un bien, de aumentar el bienestar de la gente y, para lograrlo a una escala mayor, se necesitan alianzas.

No se trata de adoptar una mentalidad de «el fin justifica los medios», eso sería traicionar nuestro propósito; más bien es darle el giro positivo y saber que hay bien en todos lados, y que la luz siempre será más fuerte que la oscuridad. El propósito del Dr. Simi es unificar y todos podemos hacer el bien, no hay un solo ser humano que sea perfecto, pero todos tenemos la capacidad de realizar grandes acciones.

El propósito es unir y sacar lo mejor de cada quien. Las alianzas que hemos formado con actores internacionales nos permiten acceder a áreas de oportunidad para lograr beneficios todavía mayores tanto sociales como ambientales y crear sinergias a fin de alcanzar metas conjuntas. Es una especie de neutralidad en la que no nos casamos con el individuo o la institución, sino con la meta, y mientras esta sea genuina, sumaremos esfuerzos.

No podemos dejarnos llevar por la negatividad. Queremos divertirnos mientras ayudamos, ese ha sido siempre uno de nuestros ejes conductores. Gracias a este enfoque en la diversión, hemos tenido colaboraciones muy especiales. El 1° de febrero de 2024, Simi estableció un contacto muy curioso que ejemplifica perfectamente que esto es un juego: la Botargada del Año.

Duolingo obtuvo mucho reconocimiento en redes por la peculiar forma en que el búho interactúa con sus seguidores. Hay que decirlo como es: es un búho hostil. Pero es parte del juego, la gente entiende que no es un ataque real, sino una forma de crear comunidad. Es como el amor de hermanos, que se pueden llevar pesado, pero jamás se harán daño. Es lo que hace este grupo de marketing en voz de su mascota y les ha funcionado de maravilla.

Precisamente por esa actitud, Simi recibió un reto para subirse a un ring junto con otras botargas para ver de qué cuero salían más correas. Le fue bien al principio y pudo vencer al Chapulín Colorado, aunque no sin complicaciones debido a una lesión. Después venció a Don Ramón y pasó a la siguiente ronda, donde lamentablemente tuvo que aceptar la derrota ante el gallo de 3B, y nos quedamos con las ganas de enfrentar al búho. Pero desde ese día he visto a Simi entrenarse sin parar en el gimnasio del corporativo. Creo que un día de estos va a pedir la revancha.

Todo es parte del juego de las redes. Cuando entiendes este lenguaje, puedes entrarle y colaborar sin que se vuelva problemático, sin que traiciones tus valores. Por el contrario, se logra estrechar todavía más la comunidad, y ahora los fans del Búho de Duolingo también son fans del Dr. Simi y viceversa, porque sin importar cuál sea la estrategia, los fines son positivos. Duolingo estrecha lazos entre sociedades con la enseñanza de idiomas; nosotros, entre sociedades llevando salud y fomentando causas socioambientales. Es un ganar-ganar en todos los sentidos.

Pero no puedo negar que el rey es el rey, y aún con todo lo que he hecho a lo largo de mi carrera en Farmacias Similares, el Dr. Simi todavía me gana: su video más visto tiene 56.5 millones de vistas. Es la estrella del *show* y no hay forma de bajarlo del primer puesto en el podio. Ya me estoy haciendo a la idea de que siempre seré el número dos en mi propia empresa por más que sea el presidente ejecutivo.

Creo también que es una tríada muy positiva: mi papá, como fundador de esta empresa, el Dr. Simi, que se ha ganado todo el cariño del mundo por ser un personaje adorable; y yo, como vocero de nuestras buenas acciones y un ejemplo que motiva a todo el equipo. No somos competencia entre nosotros, sino un equipo que en conjunto puede lograr más de lo que cada uno consigue de forma individual. De un modo u otro nos apoyamos mutuamente. Yo no tendría el impacto que he tenido si no fuera porque el Dr. Simi ya había hecho muchísimo camino. Me gusta pensar que ayudé a mi papá después de que se vio muy limitada su movilidad cuando lo invité a la inauguración de nuestra farmacia inclusiva. Se presentó como un representante de la comunidad de personas con discapacidad, a fin de demostrar que la discapacidad no es impedimento para lograr grandes cosas. Desde luego, ni Simi ni yo estaríamos donde estamos de no ser por el empeño que puso durante tantos años para mantener este proyecto con vida.

Ha sido una experiencia muy grata conformar este triunvirato y, cada uno a su manera, seguir nutriendo el movimiento, estar en redes y formar comunidades que se entremezclan. Es la manera en la que me gusta trabajar, y ese equipo no se acaba ahí; tenemos un grupo maravilloso en todos los niveles que nos apoya siempre para hacer realidad nuestras metas, incluso en nuevos terrenos.

Todo esto habla de la importancia de las nuevas generaciones no sólo como público o consumidores. La juventud dentro de la empresa, el cambio generacional que me permitió a mí también tomar las riendas de la organización, ha sido indispensable para adaptarnos a estos cambios tecnológicos, de consumo y, en general, de la forma de pensar. Siempre hay que mantener esa frescura y ese contacto. Regresamos al efecto divertido, que lo hace diferente, fresco, novedoso e innovador.

Aprovechar todo el potencial de los jóvenes no sólo se refleja en las estrategias exitosas que hemos tenido en las redes, al interior de la empresa también hemos implementado muchísimas ideas que han salido de cerebros jóvenes. Hemos adaptado inteligencias artificiales a nuestros procesos para llevar a cabo pronósticos y proyecciones de aperturas de locales más efectivos y rápidos. Manejamos muchísimos datos que necesitamos procesar y contamos con equipos de análisis que descubren patrones que nos ayudan a tomar decisiones.

Nuestro equipo de TI se la ha rifado como pocos. De hecho, ha desarrollado sistemas de forma interna que funcionan mejor que opciones externas y representan un ahorro al no tener que contratar servicios de proveedores. Esta liberación de recursos nos permite potenciar otras áreas. Desplegamos juegos para que el público se divierta, como el nivel 3 de Simi Aventuras, y acabamos de lanzar Simi Aviento, un juego donde puedes arrojar Simis a escenarios de conciertos. Porque esto es un juego, debemos divertirnos. También hemos adaptado el *gaming* con una aplicación para capacitar a vendedores que, además, les da recompensas reales. Estamos adaptando esta capacitación para realizarla en realidad virtual y que sea un juego inmersivo, donde los vendedores se diviertan mientras refuerzan sus conocimientos. Ya adquirimos un dron, el SimiOne, enfermero capaz de transportar una carga de 30 kilos de medicamentos especializados para asistir en lugares de difícil acceso tras los desastres naturales. Siempre pensamos en qué es lo más nuevo en tecnología, y eso lo queremos. Como hemos formado un vínculo muy profundo con la tecnología, eso vuelve indispensables a los jóvenes, quienes se desenvuelven en ese mundo con total naturalidad.

En este momento, nuestro mayor avance en cuanto a tecnología es SimiSpace. Ya tenemos conformada una división espacial y vamos a colaborar con diferentes empresas para el desarrollo de cohetes que nos permitan realizar las misiones al espacio. Todo esto empezó porque lanzamos dos peluches Simi en un globo, hasta que alcanzaron el borde del espacio, sólo para divertirnos. El siguiente paso es lanzar un Simi más grande y grabar todo el proceso, desde el despegue hasta que nuestro valiente astronauta bigotón vuelva a la Tierra, sano y salvo. En cada misión enviaremos un Simi más grande y trataremos de llegar más lejos. Todo este desarrollo tiene el objetivo de lanzar un satélite que nos ayude a monitorear incendios forestales para tener mejores estrategias de prevención y combate a este tipo de desastres. La diversión tiene como resultado efectos positivos.

Uno de los temas que más emociona a las comunidades tecnológicas en todo el mundo es la posibilidad de hacer granjas solares en el espacio. Es un proceso que nos llama muchísimo la atención porque entra por completo en lo que hacemos con SíMiPlaneta, con nuestras labores ambientales. Queremos ese primer paso en el espacio con Simi, para después poder dar un gran salto junto con la humanidad.

Aunque tenemos los ojos puestos en el espacio, en la Tierra todavía hay mucha diversión. El primer fin de semana de abril de 2024, Simi llegó al museo Louvre. Este programó una exposición para la cual seleccionaron a un artista mexicano que elabora esculturas con forma de papaya, y adentro de una de ellas puso un Simi. En la exposición se presentó dicha escultura. Me encanta la idea de que Simi incursione en el mundo artístico. Ya voló a los escenarios musicales y ahora se metió al mundo del arte plástico, de la alta cultura. Ni en mis sueños más locos habría imaginado jamás que Simi llegaría al Louvre. Y menos adentro de una papaya esculpida.

Siempre he querido hacer una colaboración con artistas tan simbólicos como David LaChapelle, pero la oportunidad no se ha concretado. Ahora que Simi estuvo en el Louvre, creo que ya tenemos las credenciales para tocar a su puerta y buscar que se realicen piezas con el Dr. Simi. De llevarse a cabo, no tengo ni idea a dónde nos llevaría ese camino, pero tampoco dudo de que será muy divertido. Todo se resume en esta idea de salir de la zona de confort, de explorar, hacer pruebas y ver hacia dónde nos llevan. El chiste es arriesgarse.

Lo que trato de hacer con este tipo de exposición, de estar en redes, de hacer colaboraciones en ámbitos tan variados como el espacio y el arte, es fomentar un modelo empresarial más holístico y humano, que involucre todos estos aspectos sociales como una parte fundamental del modelo de negocios. Que sea una moneda donde en una cara esté lo material y en la otra, lo espiritual, ambos integrados como parte de la organización. Y que, además, sea un modelo reproducible, que nutra a la empresa y fomente una mentalidad socioambiental al generar un crecimiento comercial que vaya de la mano con el crecimiento de los beneficios sociales. Es una forma de vender sin vender.

A mí me gusta llamarlo «movimiento», ya no es sólo un modelo de negocios. Al involucrar los aspectos sociales y ambientales, trasciende lo empresarial y se convierte en un movimiento socioambiental. Cuando voy a otro país, no lo hago pensando en abrir farmacias para ganar dinero. Pienso en cómo lograr una transformación en la forma en que funcionan las empresas ahí, en cómo pagan a los trabajadores, el trato que estos reciben, cómo las empresas ponen el ejemplo, cómo ayudan al medioambiente y a las sociedades, cómo están pensando en mejorar la calidad de vida de la gente y revolucionar la forma de pensar. Eso es lo que tengo en mente cuando tenemos oportunidades de crecimiento.

Ganar dinero como un fin no es algo necesario. El dinero es una herramienta, es un mecanismo. Claro que agradezco el dinero porque es algo que genera los medios para brindar apoyo de mejor manera: tengo la posibilidad de transportarme con rapidez a los lugares donde brindamos apoyos, capacidad de maniobra para gestionar la logística necesaria, crecen los programas y podemos mantener su supervisión y un largo etcétera. A fin de cuentas, vivimos en un mundo que utiliza el dinero para funcionar, y tenerlo es un beneficio, pero no debe ser visto como la meta. De nada sirve el dinero acumulado.

Si se tiene más, debe ser para hacer y dar más, para devolver más a la gente, brindar apoyo a quienes no tienen las posibilidades, proteger a los seres sin voz. El dinero es indispensable, pero acumularlo no es la meta. En el futuro, los niños de las Colonias Simi crecerán, van a estudiar una carrera donde ellos puedan hacer una diferencia, y van a abrir las posibilidades a nuevas ideas, nuevos proyectos. Eso es posible, gracias a este modelo que se sostiene principalmente por la conexión que logramos con la gente, porque nos divertimos con ella y ese buen humor la lleva a querer conocernos más. Entonces descubre estas labores y se suma.

Es lo que hace el Dr. Simi: unificar. Es como una V, la V de *Vendetta,* pero sin hacer explotar nada (me gustaría hacer unas máscaras de Simi con ese estilo, que todos puedan ser Simi). Todos pueden ser parte de este cambio y, entre más seamos, más poderosa será esa transformación hacia algo mejor. Simi es una revolución.

Ya no es sólo mía o de la organización, es un símbolo mexicano y, poco a poco, comienza a transformarse en uno latinoamericano, y quizá hasta pueda trascender las regiones y los continentes. Nada me haría más feliz que ver crecer esto, ver a Simi en Europa, Asia, África y Oceanía.

Como lo he dicho: es una revolución de conciencia. Así de profundo lo veo. Y funciona, pero las revoluciones deben ser inteligentes, no se trata de derrumbarlo todo para crear algo desde cero. Se debe tener la visión para reconocer aquello que funciona y sumar nuevas ideas.

Somos muy analíticos, no hacemos las cosas sin pensar, tenemos tecnología y equipos consolidados y estratégicos para determinar a qué le apostamos. Si ya hay algo que sirve, no hace falta moverlo. Pero estamos abiertos a intentar cosas nuevas, nos gusta ser diferentes, salir de la caja, de la zona de confort. No tenemos miedo a equivocarnos.

Esa apertura nos llevó a tener una presencia más sólida en redes sociales y, gracias a ello, tuve la oportunidad de conocer a un héroe. El 17 de marzo de 2023, publiqué en mi TikTok una de las historias que más me han conmovido: la de Bryan Martínez. Un héroe tan sencillo que su único deseo era tener un Xbox para jugar y divertirse.

Bryan es un chico que perdió la capacidad de caminar después del terremoto del 19 de septiembre de 2017. Él tenía un puesto de raspados al sur de la Ciudad de México cuando ocurrió el desastre. Siempre sintió un gran cariño por los niños y luego del siniestro se enteró del derrumbe del Colegio Rébsamen, donde por desgracia algunos pequeños quedaron atrapados entre los escombros. Bryan no lo pensó, fue a esta escuela de inmediato como rescatista voluntario y aunque pudo auxiliar en el rescate de algunas de las víctimas, tuvo la mala fortuna de que, al entrar en las ruinas para seguir ayudando, hubo un derrumbe que lo atrapó y quedó en coma. Cuando por fin pudo despertar, descubrió con mucha tristeza que había quedado cuadripléjico. Aunque con el tiempo recuperó un poco la movilidad de sus brazos, ya no pudo caminar. Permaneció años postrado en cama sin posibilidad de moverse y sin recibir apoyo. La tragedia del 19 de septiembre de 2017 se extendió por cinco años, debido a que este héroe fue olvidado durante ese tiempo.

En marzo de 2023, acudí a su casa, como supuesto camarógrafo, para conocer su historia de su propia voz. Parece algo simple, pero me conmovió mucho que, cuando le pregunté qué le pediría a Santa Claus, en ese momento, respondió que le gustaría un Xbox. Él lo que quería era divertirse, sólo eso. En aquel primer momento ofrecimos brindarle una ayuda inicial con una silla de ruedas, una cama, una televisión y, claro, un Xbox. Pero parecía poco para un héroe de su calibre.

El Centro de Rehabilitación para Personas con Discapacidad, que mi papá denominó SimiREDI es uno de los programas que más ha fomentado. La idea no es nueva, se remonta al año 2007, cuando abrió un primer centro en Ciudad Madero, Tamaulipas, que a la fecha ha brindado 3729 servicios anuales a 128 pacientes. Cuando tomé las riendas de la empresa, conversé con él respecto a este sistema y, en conjunto, llegamos a la conclusión de que había que darle mayor impulso. Entonces comenzó un plan de padrinazgo, donde cualquier persona que lo desee no sólo puede realizar donativos, sino también ser padrino de alguna persona con discapacidad para brindarle los servicios de rehabilitación sin costo. Esto abre la posibilidad a mucha gente de experimentar esta labor humanitaria, de vivirla de primera mano, de ser parte de ella, para que, además, puedan recibir la moneda espiritual que los nutra.

En este momento ya contamos con el Centro de Rehabilitación en Nezahualcóyotl, Estado de México, pero gracias a los donativos y a nuestros propios recursos, pronto abriremos más. Sin embargo, no puedes contagiar a la gente si no haces las cosas por ti mismo. Siempre hay que liderar con el ejemplo. Yo me comprometí a ser el padrino de Bryan Martínez, a brindarle la ayuda necesaria para que pudiera recuperar la habilidad de caminar y, así, rendirle homenaje a este héroe que había sido olvidado.

Por fortuna, los médicos le dieron un pronóstico positivo y podrá volver a caminar. Desde 2023, Bryan ha acudido a terapia dos veces por semana y tiene una recuperación increíble. Si todo va bien, para 2025, estará nuevamente en pie. De todo corazón, quiero estar ahí cuando dé sus primeros pasos, espero que algún día hasta pueda bailar junto a las botargas de Simi.

Todos los líderes de la organización se han sumado a este programa para que cada vez más gente se sienta inspirada a ayudar, y que esto se traduzca en que más personas logren superar una discapacidad.

Para dar a conocer esta historia fue necesario contar con el poder de las redes sociales. Así, una de las personas que más admiro volverá a caminar. Se dice fácil, pero ha sido la culminación de todo un proceso de alrededor de 15 años.

Los humanos somos seres de comunidad, siempre estamos formando grupos y queremos ser incluidos. Y cuando este grupo comparte nuestros valores, como los de las nuevas generaciones que buscan construir una sociedad mejor y pertenecer a él, reconforta aún más. Gracias al alcance que hemos tenido con todos estos proyectos, con redes sociales, con tecnologías de capacitación y de asistencia en caso de desastres, con algo en apariencia tan sencillo como arrojar Simis desde un helicóptero que, a su vez, inició toda una avalancha de colaboraciones, hemos tenido la oportunidad de formar una gran comunidad.

¿Hay alguien que piense que las buenas acciones y la diversión no tienen poder para impactar al mundo? Digo, para pasarle mi TikTok e invitarlo a jugar Xbox con Bryan.

CLAVES SIMISAMURÁI

- Diviértete. No hay otra manera más efectiva de trabajar.
- Aprende a redireccionar las estrategias de marketing que el entorno requiere.
- Las redes sociales son un medio superpoderoso que logra abrir puertas si sabes tocar.
- Prueba, busca, intenta, nunca dejes de equivocarte para aprender.
- Apóyate de gente que comparta tu visión y principios para hacer comunidad.
- No te mantengas ajeno a la tecnología, es fundamental que forme parte de tu estrategia.
- Lo que empieza como un modelo de negocios puede transformarse en un movimiento.

8
Lograr ser abanderado

Dos años se dice fácil, un lapso que incluso parece haber transcurrido en un abrir y cerrar de ojos. No obstante, al mirar hacia atrás, me doy cuenta de que estos dos últimos años al frente de Grupo Por Un País Mejor y Farmacias Similares estuvieron llenos de actividades, de principio a fin. Hubo alegrías, sorpresas grandes y muy gratas, especialmente, bastante diversión; pero también mucho trabajo, esfuerzos enormes y aprendizajes valiosos. No ha sido sencillo, ni para el enorme equipo que conforma nuestro grupo, ni para mí, que he debido asegurarme, día con día, de tomar buenas decisiones para mantener el buen rumbo de la empresa. He tenido que marcar el ritmo al que avanzamos y he buscado ser ejemplo para todos en la organización. Y deseo mantener ese ejemplo por muchos años más. Para ello necesito dar un gran rendimiento.

Me encanta encontrar las sincronicidades que se presentan en mi vida. Así que no es coincidencia que justo el mismo día que comencé a escribir este capítulo también acudiera a grabar un pódcast sobre el tema del rendimiento con el humano de más alto rendimiento que conozco. A él lo conocí en el gimnasio al que asisto, y muy pronto se volvió un gran amigo y una fuente de inspiración porque tiene una energía inagotable y una actitud positiva sin comparación.

El tema de este pódcast se englobaba en una pregunta muy sencilla: ¿cómo le haces? ¿Cómo le hace un CEO para transformar colonias, reforestar países, convertirse en *influencer*, viajar por el mundo para dar a conocer las acciones de su empresa y seguir trabajando sin parar todos los días? ¿Cómo le puede hacer cualquier persona para lograr ese nivel de rendimiento? La respuesta es que no hay solamente un camino, no hay una fórmula única y mágica que pueda enseñarlo 100 %, pero sí existen elementos guía que cada persona puede adaptar a sus metas particulares.

En varios estudios se ha analizado a distintos grupos de personas de muy alto rendimiento de diversos ámbitos, sean atletas, empresarios, ingenieros, etcétera. Estos estudios encuentran características similares que siempre se reproducen en estas personas: tienen algún tipo de actividad física y realizan algún tipo de ayuno que combinan con un modelo de alimentación no exigente, basado en la compensación. Además, realizan alguna práctica espiritual. Entonces, desde mi perspectiva, no debe ser mera coincidencia. Si se dan en tantos ámbitos, con personas tan variadas, es porque funciona.

Otro ejemplo que habla de la efectividad de estos elementos son ciertas zonas que existen en el mundo. Son cinco áreas que han sido llamadas «zonas azules», que se caracterizan porque ahí se encuentra el mayor número de personas que vive más allá de los 100 años. Y no sólo eso, sino que alcanzan esa edad con una salud envidiable. Estos lugares son Loma Linda, en Estados Unidos; Nicoya, en Costa Rica; Cerdeña, en Italia; Icaria, en Grecia; y Okinawa, en Japón. En estas zonas se repiten ciertos factores en común que benefician a la gente:

- Buena alimentación
- Actividad física
- Sentido de comunidad
- Sentido de propósito
- Contacto con la naturaleza
- Desarrollo espiritual

Me enteré de estas zonas hace unos meses, pero me sorprendió gratamente que, con el tiempo, fui sumando cada uno de estos elementos a mi vida para conseguir todo lo que he logrado hasta hoy. He ido adaptando estas ideas de acuerdo con mi ritmo de vida y con lo que a mí me funciona. Es mi propio sistema con elementos como actividad física, ayuno intermitente, alimentación de compensación y meditación. Son mis pilares para lograr el alto rendimiento, pero cada individuo puede adaptar esto a sus propias metas y a su estilo de vida; cada quien puede aprovechar lo que le funciona. Algo que a mí me ha servido muy bien es darme cuenta de que los aprendizajes no van en una sola dirección.

¿A qué me refiero? A que, por ejemplo, he implementado muchos aprendizajes de mi vida personal al trabajo y eso ha dado resultados positivos. Pero también he aprendido mucho a lo largo de mi carrera profesional, y estos aprendizajes me han ayudado a tener una vida mejor. Prácticamente toda mi labor profesional la hice en Farmacias Similares, aquí fui creciendo y aprendiendo muchísimo, pero también fui desarrollando actitudes personales que, sin darme cuenta, tenían un impacto en mi desempeño profesional.

Siempre tuve buenos hábitos, pero lo cierto es que no era tan constante con ellos. Creo que es algo que le pasa a mucha gente y puedo entender por qué: hace falta mucho empeño. En aquellos tiempos de crecimiento en la empresa, si pudiera hacer un cálculo aproximado, diría que cumplía mis hábitos positivos entre 50 % y 60 %; luego había temporadas en las que me ponía las pilas y lo hacía 100 %: comer sano, hacer ejercicio y dormir temprano, a rajatabla, todos los días. Pero esas etapas no duraban mucho y me empezaba a «dar permisos» de faltar al gimnasio una semana, de despertarme tarde o desvelarme tres días seguidos por cosas del trabajo; y la meditación se quedaba en lo esporádico porque me decía a mí mismo que no tenía tiempo para ello. Leía mucho sobre bienestar y salud física y mental, tenía las fuentes de información a la mano, pero no las ponía en práctica.

Hace tres años, antes de tomar la presidencia de Grupo Por Un País Mejor, cambié mi forma de pensar. Me di cuenta de que estaba a un paso de alcanzar un nivel todavía más grande de responsabilidades y que para dar ese paso requería una mentalidad más sólida de la que estaba llevando hasta ese momento. Me dije: «A partir de hoy, lo voy a hacer bien». Hay muchas cosas en la vida para las que necesitamos tomar en cuenta múltiples factores, pero para el bienestar personal, pienso que todo es cuestión de actitud. Lo fundamental es ser decisivo, tomar la decisión de hacer algo y apegarte a ello. Cuando decides volver realidad algo debes llevarlo a cabo y no dejarlo para después, o seguir pensando en si lo harás o no, porque entonces das paso a las dudas y permites que la idea de que tal vez no eres capaz se forme en tu mente.

El bienestar no llega solo, no se presenta por arte de magia, se logra con esfuerzo y trabajo. Pero también hay que saber cómo hacer las cosas. A veces queremos cambios inmediatos y radicales, pero eso resulta perjudicial porque las metas que nos proponemos se vuelven severas, y esto tiene un impacto negativo en la mente que obstaculiza nuestro progreso. Es lo que me pasaba antes y por eso era tan inconstante, me ponía metas de superhumano cuando todavía no tenía la preparación para lograrlas, y terminaba tan agotado que no les daba continuidad.

Cuando decidí cambiar mi mentalidad y ser firme con mis hábitos, entendí la importancia de tener metas alcanzables, empezar con pruebas, con algo chiquito e ir subiendo. En vez de saltar directamente a ir al gimnasio todos los días de la semana y terminar agotado, adolorido y sin energía para trabajar, podía agregar sólo un día más durante un mes. Pasar apenas de tres a cuatro días, y cuando esa rutina se volviera parte de mis hábitos, agregar un día más cada mes. Es un poco lo que hacen los videojuegos, vas subiendo de nivel. El juego no puede lanzarte retos inalcanzables desde el inicio porque es imposible avanzar, se pierde la diversión y lo dejas. Cuando vas escalando peldaños y tu percepción de tus avances es positiva, quieres continuar.

Este es un conocimiento que adquirí desde que era supervisor, pero no me había dado cuenta de que podía aplicarlo también en mi vida personal. En las unidades a mi cargo no hacíamos cambios masivos, ni tampoco los realizábamos en todas las unidades sólo porque sí. Primero, hacíamos pruebas con ciertos productos estratégicos para elevar ventas en las unidades a mi cargo, y cuando estas metas se alcanzaban y demostraban ser buenas decisiones, comenzaban a adaptarse a gran escala. Yo comencé a hacer lo mismo con mis metas personales: pequeñas pruebas, metas chiquitas, y conforme las iba logrando, subía la apuesta.

Se volvió un aprendizaje cíclico que volvió a lo profesional porque, cuando comencé a tomar decisiones estratégicas a gran escala en la empresa, también fue uno de los principios que adopté como guía de nuestras operaciones en dos niveles. El primero es en lo interno, por ejemplo, con las metas de trabajo para al programa Simisamurái. Para que las personas se sientan motivadas a dar esfuerzos cada vez más grandes, el nivel básico de metas es muy fácil de alcanzar y causa un efecto positivo en la mentalidad de las personas. Se planta la semilla de la idea *sí puedo, soy capaz y mi esfuerzo se recompensa*, y gracias a esto se genera el impulso para que las personas quieran alcanzar metas más grandes y reciban recompensas y reconocimientos mayores. También es la forma en la que seguimos decidiendo nuestras estrategias de ventas, así nos damos la oportunidad de experimentar sin temor a equivocarnos. Si algo no funciona, el efecto se da a escala muy pequeña, y cuando reconocemos lo que sí funciona, podemos aumentar la escala.

El segundo nivel se ve aplicado en nuestras metas sociales, por ejemplo, en las Colonias Simi. Es una meta realizable cubrir las necesidades básicas de una colonia y aumentar su bienestar al abordar de raíz las problemáticas que más estragos causan en estas zonas. Eso nos ha abierto las puertas para más Colonias Simi, con proyectos cada vez más ambiciosos e integrales, y nos ha ayudado a incrementar la escala de otros proyectos sociales. Pero si la propuesta hubiera sido convertir una colonia popular en una zona exclusiva llena de lujos, la meta se hubiera vuelto insostenible, no sólo para nosotros, para darle continuidad y sostén al proyecto, sino para las personas que viven ahí y cuyas condiciones socioeconómicas no les permitirían desarrollarse en esos espacios a largo plazo. En lugar de ayudar, habríamos causado un problema más grande. Del mismo modo, si hubiéramos querido abarcar demasiado y pensado en Municipios Simi, habría sido algo inalcanzable y el proyecto, simplemente, nunca se hubiera concretado.

Este aprendizaje de buscar metas alcanzables y aumentar la apuesta conforme aumentan las posibilidades, en lugar de hacer una transformación total de la noche a la mañana, me ha sido útil en los dos ámbitos de mi vida, el profesional y el personal. Entender que la mejora y el crecimiento son procesos que se van acumulando cuando eres constante me ha fortalecido como persona y presidente.

Pero si no desarrollas estos buenos hábitos, si no les das la prioridad y no cambias los negativos por positivos, no hay forma de ser congruente. No habría podido conseguir todo lo que he logrado y marcar el ejemplo. Tú mismo tienes que ser la prioridad siempre. Mucha gente dice *no tengo tiempo* y, desde luego, hay que tomar en cuenta la realidad de cada individuo: una madre soltera que lleva dos empleos porque de lo contrario no le alcanzaría el dinero y que, además, debe llegar a atender a sus hijos, a darles de comer y ayudarles con la tarea, ve consumido todo su tiempo. Se debe luchar por cambiar las condiciones sociales para que situaciones como esta dejen de ocurrir. Pero para quienes gozamos del privilegio de tener tiempo para nosotros mismos, el decir *no tengo tiempo* es una excusa, sobre todo si analizamos patrones de comportamiento en los que algunas personas sí tienen tiempo libre, pero lo llenan con malos hábitos.

A veces hay obstáculos que más bien son mentales, entonces, hay que cambiar la percepción. Esto lo experimenté yo mismo. Cuando me costaba trabajo ser constante con el ejercicio, siempre pensaba: «Es que tengo que ir al gimnasio; tengo que pararme temprano, o si no, no me va a dar tiempo». En cuanto tomé la decisión de ser más constante, comencé a sentirme mucho mejor, noté una transformación: el *tengo que* dejó de existir y se convirtió en *quiero*. Me sentí tan bien que comencé a decir: «Quiero ir al gimnasio, quiero levantarme temprano para tener tiempo de hacer mi rutina antes de ir a la oficina». Esa es la clave del cambio de actitud.

Hay una frase que me gusta mucho: «Todo lo que resistes, persiste». Es una suerte de ley que aprendí hace algunos años en un curso. Cuando dices *qué flojera ir al gimnasio*, no lo vas a hacer, y si lo haces, se va a volver un problema, lo vas a sentir como una carga, te la vas a pasar mal. Tienes que dejar de resistirlo y verlo como algo positivo.

Cuando dices *tengo que ir al gimnasio*, suena a obligación, a un proceso burocrático por el que tienes que pasar para alcanzar lo que de verdad deseas. Tu mente lo empieza a percibir como algo negativo y tu cuerpo responde con resistencia. Cuando piensas *quiero ir al gimnasio, es algo que deseo*, se convierte en una meta en sí misma, se transforma en un deseo y la percepción en tu mente se vuelve positiva: «Quiero ir al gimnasio, y gracias a este deseo, recibo un mayor bienestar». No sólo se trata de lo físico, de la superficie, sino de sentirme bien, dormir mejor, tener más energía, un mejor enfoque.

Esto tiene que ver con ser genuino, con la labor que hacemos como empresa con nuestro propósito de ser catalizadores de un movimiento socioambiental. No significa sólo tener una cara amistosa con el público y quedarnos en la superficie. Fracasaríamos si nada más pensáramos *tenemos que ayudar a la gente, es algo que tenemos que hacer para poder obtener ganancias*. Para mí, esa sería una mentalidad sumamente insatisfactoria.

En cambio, nuestra mentalidad es *queremos ayudar, queremos generar un mayor bienestar en la gente, es lo que deseamos. Gracias a que lo hacemos, la gente nos devuelve mucho, ganamos al ayudar; y como sucede eso, podemos hacer todavía más de ello que deseamos de forma auténtica: ayuda*r. Esta mentalidad de hacerlo de forma genuina no sólo hace que la gente nos reciba con los brazos abiertos cuando llegamos con apoyo a sus comunidades, sino que también desean formar parte del movimiento, sumarse y prestar apoyo, hombro con hombro. La congruencia nace del deseo, del querer, de no verlo como una obligación o un paso para tener ganancias, sino como una meta en sí misma.

Mi disciplina personal no se generó con el *tengo que*, surgió cuando entendí que era lo que quería porque me sentía mejor. Elevó mi bienestar, me volvió más productivo, me sentí más feliz y comencé a ser más creativo. Al trasladar ese deseo auténtico a nuestras labores sociales, el efecto se multiplicó de manera exponencial y, honestamente, eso me hace sentir todavía mejor. Yo le recomiendo a todo el que desee transformar su vida a, primero, cambiar el *tengo que* por *quiero*. Y a quienes gocen del privilegio del tiempo libre, a que lo aprovechen en pro de su bienestar. El tiempo no es un obstáculo, es un aliado. No importa si es poco. Esté donde esté, busco ese tiempo. Aunque viajo mucho por cuestiones de trabajo, siempre busco la forma de tener tiempo para estas actividades de bienestar.

La comunidad es otro de los pilares. Es sumamente valioso rodearte de personas afines, con metas parecidas a las tuyas, pero también de gente con un nivel superior al tuyo, porque eso te empuja a querer alcanzarlos, te motiva. Pensaba que era atlético por hacer ejercicio tres veces a la semana, pero descubrí a gente más capaz que lo hacía cinco o seis veces por semana, que cargaba más, que era más flexible, que hacía proezas impresionantes con su cuerpo.

Entrenar con este grupo de gente me ayudó mucho a subir mi nivel porque me inspiró a ser capaz de conseguir lo que ellos logran. En el ámbito profesional hago lo mismo, siempre me rodeo de gente más capacitada, especialista en su entorno y donde quizá yo no tengo tanta experiencia. Busco rodearme de los mejores en el mundo laboral y personal. Si yo no sé de algún tema o mis habilidades no están tan desarrolladas, busco a la persona más capaz en esa área y la incluyo en mi equipo, no sólo para que realice esa actividad, sino para aprender, para inspirarme.

Me pongo a mí mismo barras muy altas al rodearme de este tipo de personas, y eso me empuja a ser mejor. Muchas veces pensamos en que es malo no ser tan bueno como los demás en algo, pero es todo lo contrario, aprendes muchísimo de quienes saben más que tú, de quienes cargan más peso que tú, de quienes corren una o dos horas más que tú, de quienes tienen una disciplina más sólida que la tuya. Tienes mayor posibilidad de crecimiento porque se vuelven modelos, y si en algún momento descubres que alguna de esas actividades no es una de tus fortalezas, estás rodeado de la gente que puede lograrlo y formas redes de apoyo. No solamente te ayudan a lograr lo que tú no puedes, también te inspiran a seguir mejorando en aquello que sí dominas.

En este aspecto tiene mucho valor la diversión. Para lograr constancia en mis rutinas de ejercicio, me ayudó encontrar un tipo de ejercicio que además de funcional, es muy divertido y depende de formar una comunidad. Con este tipo de ejercicio también hice muchos amigos que, por así decirlo, estaban en el mismo canal. Lo divertido facilita muchas cosas en el deporte, pero si además tiene beneficios reales y formas una comunidad, se vuelve un círculo virtuoso que te hace volver a esa actividad, la deseas. Esta actividad no tiene que ser específicamente un gimnasio, puede ser el futbol, el basquetbol, el senderismo o la escalada. El punto es activarte físicamente con algo que disfrutes.

Desde luego, el gozo y la comunidad no se quedan encerrados en lo deportivo. Cuando Simi comenzó a volar en los escenarios de festivales y conciertos, los mexicanos se unieron e integraron una comunidad alrededor de este símbolo y de esta actividad tan divertida. Simi comenzó a formar comunidades desde que dio sus primeros pasos de baile frente a nuestras farmacias, desde que comenzó a regalar paletas a los niños y a dar abrazos a los adultos mayores. Desde que llegó a comunidades apartadas y desprotegidas con despensas, medicinas y todo tipo de apoyos, ya era un símbolo. Cuando ese símbolo surcó los aires y comenzó a recibir el abrazo de artistas internacionales en los escenarios mexicanos, se volvió también un símbolo del pueblo mexicano, de nuestra capacidad de unirnos y divertirnos juntos. Pronto tendrá su propio festival, que será toda una fiesta donde podamos unirnos a celebrar el simple hecho de coexistir, de saber que no importa nuestro origen; somos seres humanos que queremos sonreír, que deseamos el bienestar para todos, que buscamos formar lazos de apoyo y de alegría. El público mexicano me ha enseñado mucho sobre la comunidad.

Es una meta que también he buscado construir en la empresa, una de las más importantes. No sólo quería mejorar mis hábitos y crecer individualmente, también transmitir estos hábitos para generar una comunidad de personas de alto rendimiento, con valores y principios afines y, sobre todo, felices. Vivir este proceso, sin importar dónde me encuentre, me ha servido muchísimo para entenderme mejor a mí mismo. Se volvió algo que disfruto y necesito para aplicar estos conocimientos más allá de la salud personal.

Estas acciones me abrieron el camino a la presidencia, a tener la capacidad de realizar todas las labores que desarrollamos, a conducir este barco de forma exitosa por un mar bastante bravo, como lo es el mundo empresarial, y a motivar a quienes hacen posible este viaje. Estaba listo, estaba balanceado mentalmente, en un momento óptimo; decidí reproducir lo que me funcionó a mí con el resto del grupo para elevar su bienestar y conformar no sólo una empresa, sino una comunidad. Comencé a implementar proyectos en la organización para hacer que ellos se sintieran igual de bien que yo. Pero tenía que ser el ejemplo de eso, para poder transmitirlo y así lograr también una empresa saludable.

Por eso abrimos un gimnasio en las instalaciones del corporativo, con clases gratis tres veces por semana y regaderas para que puedan bañarse después de la actividad física. Se instaló un cuarto de meditación con un sistema muy amigable y cursos para saber cómo meditar, para qué hacerlo y cuáles son sus efectos benéficos en la salud mental y física, programas de *biohacking* para medir los niveles de glucosa en sangre y entender mejor nuestro cuerpo. Pero lo más importante es el cambio de actitud: transformar la noción de *tengo que hacer dieta* o *tengo que ir otra vez a la clase en el gimnasio*, evitando así la creación de obstáculos mentales que resistieran y, por lo tanto, persistieran, obstáculos que generan resistencia y vuelven inviable el proyecto de transformación.

La forma de lograr esto fue, igual que lo hice yo, con pequeñas acciones en vez de cambios radicales. Tenemos un equipo de nutriólogas que dan apoyo y seguimiento a quien desea unirse a nuestros cursos de bienestar, que miden a la gente, le ponen sensores y la pesan. Las mediciones se hacen antes y después del curso para poder contrastar los resultados. En vez de proyectar todo un plan de dietas rigurosas y prohibiciones, a veces, sólo hace falta una indicación tan sencilla como esta: «Bájale un poquito al azúcar». Y ya. Ese primer paso es muy sencillo. Cuando los colaboradores que reciben esa primera instrucción logran reducirla un poquito y se sienten mejor, no sólo por el efecto de esa reducción, sino por haber logrado esa meta, cuando descubren que pueden disminuir ese consumo con tanta facilidad, se muestran más motivados.

Entonces, vuelven por más recomendaciones: subir X, bajarle a Y; si te excediste un día, no pasa nada, puedes hacer Z para compensarlo; agrégale 20 minutos a tu rutina de ejercicio. Son pequeños *hacks* que se acumulan y cambian tu mentalidad, porque ya no es algo que hagas por obligación, a la mala, sino algo que te funciona y quieres mejorar todavía más. En muy poco tiempo comenzamos a ver resultados impresionantes: algunas personas que sufrían de sobrepeso lograron bajar hasta 30 kilos.

Así también, de pasito en pasito, empecé a implementar proyectos de ese tipo en la organización, gracias a los cuales también pudimos comenzar a medir resultados, porque otra de las máximas que usamos en la empresa es que lo que no se mide no sirve. Con una aplicación para celular que permite realizar sesiones de meditación guiada de dos, cinco y diez minutos, pudimos llevar un control de las sesiones de meditación que hace cada persona. Al analizar los datos que arroja la aplicación, detectamos que la gente que medita, en promedio dos veces por semana, comienza a mostrar un mejor rendimiento en el trabajo. Pero más importante aún, hemos tenido testimonios de personas que dejan antidepresivos gracias a la práctica de la meditación, algo que me hace muy feliz porque significa que estamos cumpliendo con nuestro propósito de mejorar el bienestar de la gente. Lo hacemos de forma congruente, no sólo al exterior, sino también al interior de la empresa.

Trabajamos con encuestas en el programa de *mindfulness* y meditación, colaboramos con una empresa que tiene acceso a la plataforma y nos ayuda a las mediciones sobre cuántos días meditan las personas y por cuánto tiempo. Y aplicamos una encuesta estructurada de la salud mental de las personas antes y después de las sesiones; además, contamos con psicólogos que mantienen registros del proceso. Medimos todo. Y gracias a ello hemos observado una correlación positiva entre la gente que está haciendo bien las cosas en su trabajo, el proceso de meditación y el bienestar emocional y mental.

Esto se traslada también a los procesos comerciales de la empresa. Tenemos un sistema de quejas donde nuestros clientes pueden hacernos saber algún problema que exista en nuestro servicio. Siempre ha habido pocas quejas, pero detectamos que las que más se repetían tenían que ver con la actitud. Al realizar los análisis y mediciones pertinentes, detectamos el momento en el que se daban las quejas. Resulta que era a la hora del cambio de turno. Quienes estaban por terminar ya se encontraban cansados y les era difícil brindar el mejor servicio.

Entonces, implementamos una práctica de cinco minutos de *mindfulness* o meditación en todas las farmacias. Les dimos el espacio y todos los aditamentos para tener el mejor ambiente posible a fin de meditar por breve de tiempo, y como si de magia se tratara, las quejas por actitud disminuyeron. Así es como se puede combinar tanto la medición como el bienestar para tener mejores resultados en beneficio de todos: el cliente recibe una mejor experiencia, el vendedor tiene un mayor bienestar físico y emocional, y la empresa mantiene un buen nivel de ventas y calidad de servicio.

La gente es la que conforma la empresa. Si ella está bien, la empresa está bien. Es verdaderamente impactante ver todos estos resultados, pero no son del todo sorprendentes porque esa era la meta, lograr una empresa sana, transformar a un grupo de trabajadores en una comunidad sólida y feliz.

Para mí, la meditación tiene una importancia vital. Aprendí de ella hace muchos años y me ha servido para tener una mayor fortaleza mental, a templar mis emociones y a sentir paz interna. Pero también fue uno de los hábitos que tuve que fortalecer. La dejé de lado como algo secundario por muchos años, pero ahora me doy cuenta de lo necesaria que es en todo momento. Tampoco hace falta ser radical con la meditación ni convertirse en un monje budista. Diez minutos al día son más que suficientes, es una meta sencilla que se puede mantener todos los días y que yo he logrado cumplir. Desde luego, cuando tengo la posibilidad medito más tiempo, a veces sólo puedo realizar sesiones breves de tres minutos. Lo importante es hacerlo todos los días.

Tenemos una máquina en la sala de meditación que mide la energía, la edad biológica y los chakras. A mucha gente le resulta difícil creer en esto, y es un punto de vista respetable, pero para quienes vemos los beneficios es un instrumento muy útil. Del mismo modo, es muy común que la gente no sepa qué es la meditación y sus beneficios. Es muy fácil ver los resultados del ejercicio tanto en tu condición como en tu apariencia física, pero los de la meditación no siempre son tan aparentes.

Para explicar a fondo la meditación y toda la filosofía que la acompaña haría falta otro libro completo, pero a grandes rasgos es una práctica milenaria cuyo propósito es profundizar en la comprensión de lo sagrado y funciona como una medicina complementaria. Durante la meditación eliminas los pensamientos que todo el tiempo revolotean por la mente y sólo te concentras en ti mismo, en tu cuerpo, en una sensación o en tu respiración. Esto te despeja, reduce los pensamientos negativos, aumenta la paciencia y la creatividad, y te relaja; lo que a su vez reduce la frecuencia cardiaca, baja la presión arterial y ayuda a dormir mejor. La meditación te enseña a mantenerte centrado y a conservar la paz interior.

La máquina en la sala de meditación nos permite medir niveles de estrés en el usuario y conocer la reacción de su cuerpo con el manejo del estrés, de modo que podamos darle guías y recomendaciones útiles, como en qué áreas se puede mejorar la meditación, sobre qué meditar, qué acciones pueden servir a una persona para elevar su energía, o simplemente para saber que lo están haciendo bien y si la meditación los está ayudando.

Debemos entender que, aunque la meditación es una práctica espiritual, no es una religión, sólo se trata de manejar la respiración, conocer nuestro cuerpo y nuestra mente, estar en el presente. Lo sagrado no hace referencia a un dios o un ser supremo, sino a lo sagrado del mundo mismo, de la existencia. Y hay muchos estudios científicos que avalan sus beneficios a la salud. Cuando la gente lo experimenta en carne propia, ocurre la magia. Gracias a la meditación, hemos logrado que la gente en la empresa sea más feliz, tenga mejores relaciones con su familia, se sientan más motivada en la oficina, mejore el clima laboral y comience a tener un mejor rendimiento y mejores resultados. Es una combinación de muchos factores positivos para todos.

En los tres años desde que comencé mi proceso de constancia, sólo he fallado en meditar un día. Salí a un evento, a la boda de un amigo, y pensé en dejarlo para después pero ese mismo día tenía un viaje en avión, entonces terminé el día sumamente cansado y ya no medité. No es una excusa, simplemente fallé. Pero también fue una experiencia importante porque me di cuenta de que es necesario tener compasión con uno mismo sin que eso signifique renunciar a las metas. Se puede fallar y eso no se convierte en un fracaso.

Es otra enseñanza que he aplicado a nuestros procesos. Podemos tener ideas que no funcionan, pero lo importante es levantar la voz, arriesgarnos a proponer, y si algo no funciona, no importa, vendrán más ideas que sí operen. Debemos seguir intentando cosas nuevas y escuchando a las personas que proponen ideas, mantener en pie las metas y las ganas de alcanzarlas. La perfección es inalcanzable y tratar de ser perfecto sólo se volverá un obstáculo persistente que te desmotivará. Por eso, cosas como las dietas estrictas fallan tanto, porque la gente no puede mantenerlas siempre, y con un día que pierdan el ritmo se desmotivan. La verdad, no pasa nada. Cuando te tropiezas no hay razón para quedarse en el suelo, simplemente te levantas y sigues andando.

Puedes fallar en algún momento, como me sucedió a mí, pero la acción inmediata y la constancia son esenciales para formar un hábito. Una vez que tienes conformados los hábitos, se vuelven parte de tu estilo de vida, es la forma en la que te manejas día con día. Es lo que logré y es lo que ha estado consiguiendo Farmacias Similares con su constancia. Es lo que me gustaría ver también en cada vez más gente, ver la bondad florecer no sólo en los momentos de crisis y en las tragedias, sino que todos los días podamos ser catalizadores de la bondad, que aunque las cosas vayan bien podamos tender la mano a quien la necesita para que las cosas marchen mucho mejor. Aunque nos equivoquemos y cometamos errores, podamos ser compasivos como sociedad, perdonar los errores y seguir intentando ser excelentes en conjunto.

A veces, también es útil frenar para aprovechar mejor tus recursos. Yo, por ejemplo, disfruto mucho la comida y como de todo. En lugar de hacer dietas que me van a dejar insatisfecho, como lo que me gusta y compenso con ayuno intermitente a diario. Hago 16 horas de este tipo de ayuno de lunes a viernes, y sábado y domingo reduzco el tiempo a 12 o 14 horas. Debo mantener mucha disciplina porque al inicio es una actividad muy pesada para el cuerpo, pero cuando te acostumbras es muy útil y efectiva. A mí me funciona mucho para controlar mi peso.

Cuando ocurrió la pandemia pasé mucho tiempo en casa, y por el encierro y la falta de actividad subí de peso. Justo después de terminada la pandemia, comencé a aplicar el ayuno intermitente que me ayudó muchísimo a bajar los kilos extra que no reducía con dietas. Entendí que no tenía que matarme con cinco alimentos al día, eso es un mito, sólo hay que trabajar en compensar la alimentación de modo que se eviten los excesos o las deficiencias de manera prolongada. El ayuno me ayuda mucho a sentirme mejor y darme energía porque mi cuerpo aprovecha y utiliza de forma más eficiente los nutrientes. Además, es otro de los aprendizajes que apliqué en la empresa.

En ocasiones, las cosas funcionan, pero debemos saber cuándo frenar. Hay muchos programas que nos gustaría aplicar tanto en lo comercial como en el aspecto socioambiental. Toda la vida he sentido un gran cariño por los animales, y aunque realizamos tareas de conservación muy importantes, me encantaría poder hacer más por las mascotas. He pensado en incluir medicamentos para animales en nuestro catálogo o incluso un sistema de veterinarias. Pero se requiere de un modelo independiente de las farmacias que significaría una inversión muy grande. En estos momentos estamos abriendo un nuevo mercado en Colombia y esa es nuestra prioridad comercial. Por el momento, los proyectos para mascotas tienen que quedarse en la bolsa de ideas. Quizá en un futuro se pueda realizar, yo pienso que se hará en algún momento. Me haría muy feliz también aumentar nuestra versatilidad y poder llevar también bienestar a los miembros peludos de la familia.

Aunque parezca que existe una diferencia, lo cierto es que tanto ellos como nosotros formamos parte de la naturaleza y ese es otro elemento fundamental para una existencia plena. El contacto con la naturaleza es necesario, va de la mano con el aspecto espiritual, porque cuando hay una desconexión muy marcada con lo natural, el espíritu se marchita. El contacto con la naturaleza es un aspecto que comparten todas las personas de alto rendimiento y aquellas que viven en las zonas azules del mundo.

El desarrollo interior también fomenta la calidad de vida y la longevidad. Lo espiritual no tiene que ser necesariamente una religión, no tiene que ser un asunto dogmático, sólo se trata de buscar tu propia conexión espiritual con aquello que a ti te haga sentir bien, que vaya acorde a tus principios y valores. A mí me ha servido la meditación como práctica espiritual, pero si no es lo tuyo, no hay ningún problema, puedes buscar otro tipo de actividad que te conecte con lo sagrado. Si te sientes a gusto rezando y conectando con alguna de las principales religiones del mundo, eso sirve bastante. Si prefieres acercarte a espacios naturales para caminar o contemplar y ello te da paz, es una excelente forma de nutrir el espíritu. Buscar el contacto con la naturaleza es clave e incluso se pueden combinar estos elementos en una misma actividad.

Los deportes extremos, por ejemplo, no sólo brindan la oportunidad de la activación física, también te exigen estar en el momento y ser consciente de lo que hay inmediatamente frente a ti, entonces genera el mismo nivel de presencia en el aquí y el ahora que la meditación, sólo que a un grado más dinámico. Hay muchas personas que piensan que los deportes extremos son la adicción a la adrenalina, pero lo cierto es que también tienen un sentido espiritual y toda esa combinación de elementos, de estar alerta, de estar en el presente, de divertirte, de conectar con tu espíritu, te genera bienestar, te hace sentir mejor y muchos de ellos se realizan en entornos naturales. Es una de las razones por las que me encanta el *snowboard*.

También es una de las razones por las que inicié la Fundación SíMiPlaneta. Quiero fomentar la reconexión de las sociedades humanas con los entornos naturales. Es indispensable para nuestro futuro recordar que somos parte de la naturaleza, un elemento conectado con todo el sistema natural del planeta. Nuestra subsistencia y la de todas las especies del mundo dependen de concientizar que somos parte de un todo. Nada existe de manera independiente en el mundo, todo está conectado. Saber que somos pieza esencial de los ecosistemas, reconocer nuestra importancia dentro de ellos, nos moverá a la acción como especie. Recuperar los espacios naturales nos permitirá volver a conectar con ellos, alimentará nuestro espíritu y nuestra vida será más plena en todos sentidos.

Creo firmemente en que todos tenemos un propósito. Todos existimos por una razón y hacemos lo que hacemos por un motivo profundo que nos trasciende y nos ayuda a trascender. El propósito es, quizá, el pilar más importante. En Japón le llaman *ikigai* (como lo mencioné antes). Mi *ikigai* es aumentar el bienestar de las personas, de todas a las que pueda llegar. La labor más importante que he realizado en este sentido es compartir lo que ha funcionado para mí y buscar adaptarlo para que cada quien tome lo que le funciona.

No se trata de que sigan exactamente los mismos pasos, nunca he pensado que haya fórmulas inmediatas para el éxito o un solo camino. El mundo es muy complejo para que sea así. Pero siempre es útil volver simple lo complicado. Es lo que me ha funcionado y quiero compartirlo como un ejemplo que motive a los demás a buscar su propio camino hacia el bienestar, no sólo el propio, sino el de todos.

Para ser este ejemplo debo dar mi máximo esfuerzo. En la máquina de energía soy el más alto, en el ejercicio soy el que más carga, soy el primero en arremangarse la camisa para llevar ayuda a quien la necesite, soy el primero en tomar una pala para cavar y plantar árboles. Tengo que transformarme en ese ejemplo, no para presumir, sino para inspirar y motivar a mis equipos para que quieran seguirme. Es como lo hacían los líderes del pasado, como Alejandro Magno, que era el primero en ir hacia una batalla al frente de su caballería. Nosotros, afortunadamente, no tenemos que librar ninguna batalla, pero mantengo ese concepto de líder, de persona que no manda, sino que dirige, de ser el primero que actúa antes de pedir algo a mis guerreros y que ellos vean que estoy dispuesto a hacer lo que les pido, que no les exijo más de lo que yo mismo haría.

Así como quiero inspirarlos a ellos, a mí también me inspiran muchas personas. No soy el más atlético ni más el rendidor en mi círculo de amistades, pero al ver la capacidad de mis compañeros de entrenamiento, me impulsan a esforzarme más. Los trabajadores de CINIA que todos los días se levantan y van a trabajar con una sonrisa y que demuestran ser capaces, pese a tener alguna discapacidad, me inspiran muchísimo, son la prueba viviente de que no hay obstáculo que no se pueda superar. Las personas que están dentro de las botargas de Simi dándolo todo, con una condición física increíble para bailar por horas y alegrar a las personas que bailan con ellos, me hacen querer dar todavía más esfuerzo. Me conmueve el empeño incansable de los miembros de nuestras fundaciones y los voluntarios de la sociedad que se suman a cada una de nuestras misiones. Todos son parte de una comunidad de la que me siento dichoso de pertenecer y por la que deseo seguir superándome de mil formas diferentes todos los días.

A veces, cuando te apasiona lo que haces puede ser difícil porque sientes que no hay límites, pero siempre hay que reconocer cuando estás llegando a un punto en el que seguir superándote constantemente puede llegar a ser perjudicial. En el mundo profesional es algo que se conoce como *burnout*, el desgaste por exceso de actividad.

Busqué un sistema que me sirviera específicamente a mí. El día es muy largo, pero hay que saber acomodar todo dentro de ese tiempo limitado, no puedes sumarle horas al día, pero sí ajustar tus actividades a ese tiempo. Trato de mantener la constancia en mis días para facilitar la adopción de hábitos. Despierto por la mañana y tomo algunos electrolitos sin azúcar, es un *biohack* para tener energía desde el comienzo del día. Luego hago mi meditación en un espacio que tengo adaptado especialmente para ese fin. Me tomo un café con un aminoácido que viene del aceite de coco para generar mayor enfoque, más energía y quemar grasa, otro *biohack* que me sirve de mucho. Gracias a la pandemia comenzamos a desarrollar un sistema de trabajo híbrido donde podemos trabajar mediante videoconferencias; entonces, en la mañana después de meditar y con mi café en mano, encabezo dos o tres reuniones virtuales.

Más o menos a las diez de la mañana, tengo mi clase de gimnasio, alrededor de una hora y media, con personas afines de alto rendimiento; al terminar, me baño y voy físicamente al corporativo a trabajar desde mi oficina. Para compensar que llego ya un poquito más tarde, también me quedo horas extra a fin de cumplir con el trabajo y llegar a casa a descansar por la noche. Ese es un día regular, pero desde luego aquí los días regulares son los más irregulares porque debo viajar a muchos lados, hay demasiados proyectos y desde mi oficina no se pueden llevar todos. A mí me gusta hacer presencia.

Pero si yo no hiciera todos esos hábitos para tener energía y ser constante, no podría cumplir con todas mis actividades. Con todo y eso, a veces, es una batalla terminar el día, ya sea por el estrés o por la cantidad de cosas pendientes. Y en esos días también aprovecho en mi oficina, en la sala de meditación o en el espacio dedicado en mi casa y medito un poco más para poner cada cosa en su lugar. Es como una especie de aseo mental y emocional, donde pones orden a las cosas y eso te despeja la mente, te das cuenta de que no es tan sofocante como lo sentiste durante el día.

Creo que la gente, a veces, no le da la debida importancia a este tipo de cosas, pero es sumamente importante manejar el estrés de forma apropiada. Y no hace falta ser director de una empresa para beneficiarte de estas acciones, todo mundo tiene sus propias responsabilidades y preocupaciones, a todos nos causa estrés algo. Puede haber problemas familiares o de pareja, deudas, la carga de trabajo, incluso el tráfico de la ciudad. Son experiencias que compartimos todos y, por ende, todos nos podemos beneficiar de buscar el balance y la energía. El fomentar estos hábitos ayuda al equilibrio y a poder manejar mejor el estrés.

A pesar de este sistema para generar energía, poder lograr más y tener un rendimiento muy elevado, existen ocasiones en las que el cuerpo ya no da más y me siento con mucho cansancio acumulado, se me va la voz o incluso me cuesta un poco hilar ideas o pensar en formas creativas para seguir adelante. Hay que saber reconocer cuándo parar.

En realidad, no tomo muchas vacaciones y es parte de disfrutar lo que hago, me divierto mucho con los TikTok, yendo a los diversos eventos de la empresa para convivir con mis colaboradores, estar en las labores sociales, como en las visitas a las Colonias Simi para ponerme en contacto con la gente. Eso me llena mucho y, por eso, no siento que necesite desconectarme mucho del trabajo. Además, varias de mis labores me permiten también llevar a cabo las acciones que me devuelven energía y, a veces, aunque no esté trabajando, lo estoy haciendo en mi mente, pensando en nuevas ideas para generar proyectos. Ideas como la de las Colonias Simi han surgido en estos momentos en los que no estoy realmente en la oficina, revisando documentos o repasando análisis con mi equipo. Me gusta crear, me llegan ideas los fines de semana cuando estoy haciendo ejercicio o meditando, mientras platico con locos como yo y empezamos a rebotarlas para darles forma. Pero siguen siendo trabajo y lo disfruto mucho.

Es algo constante. Me divierte y me apasiona. Entonces cuesta un poco parar. Por eso es importante estar muy atento a las señales de desgaste y escucharlas de inmediato. Al momento del cuidado, de escuchar cuando tu cuerpo te dice que necesita una pausa, también es importantísimo actuar en el momento, no dejarlo para después porque eso puede llegar a desequilibrar todo tu proceso.

También he desarrollado un sistema para prevenir llegar a ese punto del desgaste, llevo una rutina muy disciplinada, donde cada actividad tiene su horario y sé cuánto de mí va a requerir. Mis rutinas de ejercicio son intensas, pero siempre tienen un periodo determinado entre una hora con veinte minutos y una hora y media. Cuando llego a pasarme de tiempo porque es una sesión muy divertida o porque estamos realizando actividades especiales, lo compenso descansando más, sin dejar de tener actividad para no perder la constancia, me exijo un poco menos. Mis horas de sueño también tienen un momento específico y siempre trato de estar en la cama entre las diez y las once de la noche.

Todo debe estar bien medido. Repito: lo que no se mide no funciona. Tengo siempre control de mis indicadores personales, todo el tiempo me estoy midiendo, y de nuevo, la tecnología es una gran aliada. Tengo una pulsera que constantemente realiza mediciones de mis ciclos de descanso y mis indicadores fisiológicos con el fin de poder conocer bien mi cuerpo, saber cuáles son mis niveles óptimos de sueño, de energía, de estrés, de actividad y poder reconocer cuando algo se está saliendo de ese rango para corregirlo de inmediato. Es casi como si mi cuerpo fuera una máquina y que con diversas herramientas, como el *biohacking*, puedo mantenerla bien ajustada.

Cada uno es diferente, nadie funciona exactamente igual. Hay muchas personas cuyo momento de mayor actividad es en la noche, es cuando les llega la inspiración y tienen grandes ideas. Muchos escritores son criaturas nocturnas porque cuando llega la paz y todos duermen, ya no tienen tantas distracciones y comienzan a hilar todas las ideas que tuvieron durante el día. Sería muy difícil que a ellos les digas «duérmete temprano y párate temprano», porque les quitas el momento de su mayor productividad creativa.

Cada persona tiene que conocerse y reconocerse a sí misma, entender cómo opera y qué es lo que mejor le funciona y adaptar su propio sistema a esas necesidades. A veces, es difícil porque el mismo entorno, el sistema que ya está instaurado, dificulta la maleabilidad. Los horarios rígidos ajenos nos dificultan adoptar nuestro propio programa con horarios bien establecidos por nosotros, pero siempre existe la manera de encontrar las mejoras. De nuevo, no se trata de ser perfectos, ni de encontrar el horario ideal donde todo embone como piecitas de Tetris. La perfección es inalcanzable, pero podemos tender hacia ella, usarla como brújula que nos guíe en la dirección correcta e identificar qué mejoras son posibles dentro de nuestro día a día.

Transmitir esta cultura de empeño, de rendimiento, de bienestar, ha permitido que toda la organización se permee de este ejemplo y los equipos de trabajo en cada área se conformen sólidamente. Esto ofrece una gran libertad para delegar. Una cosa es involucrarse para conocer a fondo las operaciones y poder tomar las mejores decisiones, y otra es decidir por los demás, meter las manos en todo y no dejar que la gente haga su trabajo. En muchas empresas llega a darse el *micromanagement*, que sólo resulta perjudicial.

He tenido que aprender a soltar, es parte de no caer en el *burnout*. En lo posible, es necesario soltar responsabilidades, saber jerarquizar, pero hay decisiones estratégicas que siempre exigen de lleno, sin embargo, es importante ir delegando en quienes confías, en gente que sabe hacer su trabajo y que durante años te ha demostrado que puede hacerlo. Debes aprender a confiar en su capacidad. Cuando no confías en las personas, a veces generas dudas en ellas mismas o resentimiento hacia ti. En cambio, cuando confías en la capacidad de las personas y les permites demostrar lo que saben hacer, la reacción es que no te quieren defraudar ni a ti ni a la organización, se genera mucho compromiso.

Para aprender a soltar ayuda muchísimo enfocarte en lo que a ti te gusta a fin de que esa sea tu prioridad y sepas que lo demás puedes irlo delegando. Creo que cuando eres director, cuando eres la persona a cargo del funcionamiento de un proyecto, es importante conocer y entender todas las áreas con el propósito de darles un manejo adecuado, pero debes priorizar lo que a ti te gusta, conoces y disfrutas. Entonces, puedes conformar un equipo de especialistas, reconocer sus fortalezas y el apoyo que pueden darte para cubrir tus debilidades y delegar.

Todo puede ser modificado, todos tienen la capacidad de aprender y se pueden adquirir nuevos talentos, pero hay ciertas cosas para las que algunas personas son más hábiles que otras. Algunos son mejores para la creatividad, otros para los números. Es difícil encontrar a una persona que sea tan versátil que lo pueda todo por sí misma. Por lo general, el creativo, el soñador y el hacedor son perfiles muy diferentes, y hay que saber reconocerlos, sacarles el máximo potencial y enfocarlos en lo que les gusta hacer. Como algunos botargueros. Si les gusta bailar y tener ese contacto especial con la gente, cuando los mueves a ventas se sienten un tanto perdidos, así que regresan como botargueros porque es lo que quieren hacer y es lo que les gusta. La clave es encontrar la pasión y la fortaleza de cada persona y potenciarla.

Todo está conectado. Creo que ese es el aprendizaje más grande que he tenido a lo largo de este proceso. A veces las conexiones son muy obvias, en otros casos parecen inverosímiles, pero ahí están: el ser humano y la naturaleza, la diversión y la comunidad, la meditación y la productividad, el alto rendimiento y el éxito, el propósito y la felicidad. La mezcla de todos esos elementos puede ayudarte no sólo a vivir más, sino mejor. Es a lo que yo aspiro. Me gustaría tener una vida larga, pero no nada más sumar años, sino vivirlos bien, con salud y fortaleza. La esperanza de vida ha crecido, gracias a avances como la medicina, y sigue creciendo. Pero esta longevidad no siempre va acompañada de una buena calidad de vida. Yo quisiera ambas, porque me gustaría seguir sirviendo como ejemplo para que muchas personas aspiren a lo mismo. Además, es algo que se puede aplicar y repetir a escala social.

Víctor González Herrera conviviendo con niños en la Colonia Simi.

Las comunidades mundiales también están creciendo muchísimo. Aunque algunos países estén registrando descensos en su población, somos cada vez más personas en el planeta. Este crecimiento no siempre va acompañado de una mejor calidad de vida, y es eso lo que tratamos de cambiar con nuestros proyectos: crear sociedades más sanas, relacionarnos de manera más saludable con el ambiente y dentro del entorno social, arriesgarnos a descubrir soluciones creativas para los problemas graves que sufrimos en muchos otros contextos nacionales. La combinación que debemos buscar es vivir más, pero también mejor. Todo está conectado. Todos estamos conectados.

CLAVES SIMISAMURÁI

- Crea tu propio sistema para procurar tu zona azul; los hábitos se construyen.
- Procura siempre estar en forma física y anímica para aceptar proyectos más grandes.
- Ponte metas realistas y cúmplelas, poco a poco, irás a más.
- Lo que no se mide no funciona.
- Decir *no tengo tiempo* es sólo una explicación, una justificación inadecuada de por qué se tienen malos hábitos.
- Pon atención a tus palabras, de manera equivocada decimos *quiero* y *debo* como sinónimos.
- Los buenos hábitos repercuten en tu salud mental y esta lo es todo.
- Vive mejor en cada oportunidad que tengas.

Conclusiones
(y lo que viene)

En noviembre de 2023, Jimmy Donaldson estuvo en el centro de una controversia más. Jimmy es famoso porque ayuda a muchas personas, pero están los que cuestionan sus motivos o la forma en que brinda su ayuda. Sus apuestas son cada vez más grandes y, por ende, también lo son las críticas. Si no lo sigues, quizá lo conociste por esto que menciono. Es más conocido como MrBeast, un *youtuber* que, en 2023, publicó un video sobre un proyecto en el que construyó 100 pozos de agua a lo largo de África (Kenia, Camerún, Somalia, Uganda y Zimbabue). Además, recaudó más de 300 000 dólares para financiar organizaciones locales dedicadas a contrarrestar la escasez de agua al llevar suministros a escuelas keniatas, como mobiliario, balones de futbol, computadoras, pizarrones blancos y proyectores.

No es la primera vez que este generador de contenido realiza acciones de este tipo. Ya antes patrocinó a 1 000 personas con ceguera para operar sus cataratas y compró prótesis para 2 000 personas con miembros amputados.

Las críticas llegaron. Algunas razonables, otras, incomprensibles. La mayoría de estas afirman que MrBeast se enriquece al explotar a personas vulnerables. Pero él siempre genera nuevos videos, donde ayuda a cada vez más personas con planes más ambiciosos. No conozco en persona a Jimmy Donaldson, así que no puedo hablar sobre su carácter y sus intenciones. Pero sus acciones hablan por sí mismas.

Es una realidad, trágica, pero innegable: prácticamente nadie en el mundo ayuda sin esperar algo a cambio. Por eso, cuando alguien lo hace, es recibido con escepticismo por la opinión pública. Pero no puedes permitir que la crítica te frene. Esta siempre existirá y siempre será mejor ser criticado por actuar que por no hacerlo. Mientras seas una persona con principios genuinos y tu propósito y deseo de ayudar sean auténticos, poco a poco, la gente te abrirá sus corazones y te devolverán más de lo que les das a quienes lo necesitan. Y de forma congruente les devolverás todavía más a ellos, formando un círculo virtuoso que transformará al mundo tarde o temprano.

Mi mayor deseo es ser el catalizador de esa transformación. A lo largo de los dos años en los que he encabezado este movimiento, he podido ver pequeñas señales de ese cambio. Aunque la historia apenas empieza, ya han sucedido bastantes cosas, pero todavía hay mucho camino por recorrer. El primer paso que veo en nuestro futuro es la consolidación de un proyecto americano. Quiero ver a Simi muy presente en Estados Unidos, no sólo con la comunidad latina, sino con toda la estadounidense, con el mismo impacto que tiene en México. Me gustaría verlo en diferentes países de Latinoamérica, con Colombia ya consolidado y otros abriéndonos las puertas para que todo el continente americano sea parte de este gran movimiento. Y después cruzar océanos.

Nos veo con proyectos ambientales más grandes, temas ecológicos continentales. También nos veo con planes sociales más efectivos e innovadores con los que podamos ayudar en una magnitud mucho más grande.

Hay un programa cerca de consolidarse: las Unidades de Salud Integral (USI). Es un proyecto personal que surgió cuando me pregunté: «¿Por qué no agrupamos todos los sellos que tenemos y hacemos una clínica, tirándole a minihospital?» Estas clínicas cuentan con farmacia, consultorios médicos, análisis clínicos, resonancias magnéticas, especialistas de diversa índole, consultorios psicológicos gratuitos y hasta dentistas, todo en un mismo lugar. Ya abrimos una en la Ciudad de México y veremos si el modelo funciona. Quizá en el futuro podríamos tener una sección de atención hospitalaria de corta estancia. Es un indicio de un nuevo proyecto que va naciendo y que podría llegar a ser un hospital en forma, accesible y muy barato. Durante muchos años fue sólo mi sueño y ahora lo veo cada vez más cerca de volverse realidad y compartido.

Víctor González Dr. Simi, Víctor González Herrera y el resto del equipo en la inauguración de la USI.

En el futuro no nos veo siendo diferentes. Veo al mismo Simi, pero mucho más grande y diversificado. Y, claro, todavía más divertido. Eso es fundamental, seguir divirtiéndonos, seguir jugando. Con esto en mente, muy pronto será una realidad el SimiFest, una especie de parque de diversiones musical. Algo así como un Coachella mezclado con Burning Man, con carros alegóricos, conciertos, fábricas de Simi para personalizarlos, una Similandia, fábricas de bombas de vida y hasta un Simi gigante en el centro de todo. Alegría para todo el día. Además, estoy en pláticas con chefs muy buenos de México de cadenas reconocidas como Martínez, Café Tormenta y Grupo Máximo Bistrot, que tienen ganas de ayudar con este proyecto y sumarse a nuestras causas para que la comida esté a cargo de sus *foodtrucks*. Y, como siempre, todo con una buena causa.

También ya trabajamos en la Simi Casa, el Museo del Dr. Simi con otro tipo de enfoque. No sólo va a ser un interactivo para conocer la historia de mi papá y Farmacias Similares, también habrá una cafetería, el primer concepto de Café Simi, con la carita de nuestro doctor bigotón en la espuma de un rico café, acompañado por un menú de panes y sándwiches. Y quién sabe, igual y podrían expandirse las cafeterías y volverse su propio modelo de negocios.

Me gustaría ver también una división espacial más consolidada y a lo mejor hasta ponemos un Simi en la Luna. Es un sueño de hace muchos años, que en su momento sonó a broma, pero que tal vez muy pronto sea una realidad.

En el futuro nos veo cada vez con una mayor versatilidad que simboliza muy bien nuestro amado Dr. Simi con sus montones de disfraces. Y Farmacias Similares ya se está vistiendo también de todo, de barista, de artista, de músico, de cirquero, de astronauta, de chef. De todo.

Mentiría si dijera que tenemos un plan bien definido, pero no por ello vamos a dejar de arriesgarnos. Hay muchos caminos que me gustaría explorar y que no sé hasta dónde nos vayan a llevar, pero lo que sí es claro es nuestro propósito y este es nuestro faro guía, nuestra llave para seguir abriendo puertas y que la gente nos siga abriendo sus corazones. El camino siempre nos ha guardado grandes sorpresas, y cuando nos tomamos el riesgo de salirnos del rumbo para explorar, llegamos a nuevas oportunidades. No debemos tener miedo a arriesgarnos, a levantar la voz.

Entre mis metas está crear una nueva manera de formar negocios y economías, bienestar y convicciones, seguir siendo un ejemplo, el estandarte de un movimiento disruptivo con el que podamos controlar, mitigar y frenar los problemas sociales y ambientales presentes, pero también generar una convicción férrea de apoyo, no sólo entre los seres humanos, sino también para todos los seres vivos de este planeta.

Agradecimientos

Hay diferentes personas que me han ayudado a lo largo de mi trayectoria. Agradezco, especialmente, a Víctor González Dr. Simi, mi papá, el principal ejemplo que he tenido desde pequeño. Me ha enseñado, con su ejemplo y experiencia, lo que es ser un buen empresario y un gran ser humano. Es mi mayor inspiración y mi mejor consejero. En estos dos años como presidente ejecutivo de Grupo Por Un País Mejor he tenido la fortuna de trabajar con él mano a mano, y ha sido una de las mejores experiencias de mi vida. Gracias por ser el mejor padre.

A mi mamá, quien me dio la vida y me ha enseñado tanto sobre cómo vivirla. Ella nutrió mi lado espiritual, siempre alentó ese aspecto que ahora es parte fundamental de mi personalidad. Se lo debo a ella y a todo lo que me ha enseñado y he aprendido con su ejemplo.

A mis cuatro mamás postizas:

A la vicepresidenta de Acción Social y Desarrollo Comunitario de Grupo Por Un País Mejor, Tere Mancilla, una mujer capaz, de muy buen corazón y que, tristemente, falleció hace unos años. Siempre me protegió, me impulsó y creyó en mí. Siempre me dijo: «¡Vas!, ¡tú puedes!, ¡tus ideas valen!», y se lo agradezco de corazón. Fue una pieza clave en la construcción de esta gran obra y con su esfuerzo diario construyó Fundación del Dr. Simi.

A mi abuela, quien me cuidó y me protegió. Fue la única socia de esta empresa, protectora y formadora de Víctor González Dr. Simi, a quien ayudó a ser la persona que es. Siempre fue un respaldo invaluable para mí.

A mi abuela, Clara Sterling, un gran ejemplo, creyó en mí desde el principio, siempre ha estado orgullosa de mí y celebra todos mis éxitos.

A mi hermana Eugenia. Una figura muy importante en mi vida, mi segunda mamá. Me cuidó, forjó e inspiró a tender la mano a todo aquel que la necesite. Desde temprana edad siempre se le veía preocupada por los niños en situación de calle y ayudándolos. Fue y sigue siendo una fuente de inspiración muy importante que quiero y admiro mucho. Dondequiera que estés, te envío todo mi amor, Eugenia.

A quienes ya no están: la señora Lourdes, el brazo derecho de mi papá, y a Arturo Martínez Aviña, quien creó la inigualable voz del Dr. Simi y le dio vida a este amado personaje durante más de veinte años.

Agradezco enormemente a Cynthia Chávez, mi editora en Ediciones Urano, quien con su gran trabajo y esfuerzo no sólo hizo de este libro una realidad, sino que lo mejoró con cada una de sus recomendaciones y observaciones. A Carlos Díaz, por todo su apoyo durante la realización de esta obra.

A todos los que conforman Grupo Por Un País Mejor: directores, asistentes, desarrolladores y programadores, personal de marketing, de ventas, almacenistas, vendedores en farmacias y también a los botargueros. Me gustaría mencionarlos a todos por su nombre, pero necesitaría otro libro completo para ello. Sean mexicanos, españoles, chilenos, colombianos, guatemaltecos o de cualquier nacionalidad, tienen mi más profundo agradecimiento por hacer realidad nuestros sueños.

Y, por último, a la enorme comunidad de clientes, seguidores en redes, voluntarios, corredores, donadores, padrinos y lanzadores de Simis en los conciertos. Ustedes son la razón de todo esto, quienes lo hacen posible y por quienes trabajamos todos los días. Tienen toda mi gratitud y admiración. Desde el fondo de mi corazón: ¡gracias!

Dr. Simi